N° 67 “Pages actuelles” (1914-1916)

Amende Honorable

PAR

Francisco MELGAR

Publications du COMITÉ CATHOLIQUE DE PROPAGANDE FRANÇAISE A L'ÉTRANGER

Avant-Propos de A. MOREL-FATIO, de l'Institut

BLOUD ET GAY, ÉDITEURS
7, PLACE SAINT-SULPICE, PARIS

Amende Honorable

COMITÉ CATHOLIQUE
DE
PROPAGANDE FRANÇAISE A L'ÉTRANGER

Présidents d'honneur :
- Son Eminence le Cardinal **LUÇON**, Archevêque de Reims.
- Son Eminence le Cardinal **AMETTE**, Archevêque de Paris.
- Son Ex. le Baron **Denys COCHIN**, de l'Acad. Franç., Min. d'Etat.

Directeur : Mgr **BAUDRILLART**, Recteur de l'Institut Catholique de Paris.

Sous-Directeur : M. **François VEUILLOT**, Publiciste.

Nos Seigneurs **TURINAZ**, Evêque de NANCY.
FOUCAULT, Evêque de SAINT-DIÉ.
GINISTY, Evêque de VERDUN.
du BOIS de la VILLERABEL, Evêque d'AMIENS.
LOBBEDEY, Evêque d'ARRAS.
PÉCHENARD, Evêque de SOISSONS.
MARBEAU, Evêque de MEAUX.
TISSIER, Evêque de CHALONS.
LE ROY, Evêque d'ALINDA, Supér. gén. des Pères du Saint-Esprit.
LE SENNE, Evêque de BEAUVAIS.
LAVALLÉE, Recteur des Facultés Catholiques de Lyon.

Messieurs **Etienne LAMY**, Secrétaire perpétuel de l'Académie Française.
le Comte d'HAUSSONVILLE, de l'Académie Française.
Paul BOURGET, de l'Académie Française.
le Marquis de VOGUÉ, de l'Académie Française.
René BAZIN, de l'Académie Française.
René DOUMIC, de l'Académie Française.
Pierre de la GORCE, de l'Académie Française
le R. P. SCHEIL, de l'Académie des Inscriptions et Belles-Lettres.
Edouard BRANLY, de l'Académie des Sciences.
Charles WIDOR, Secrét. perpétuel de l'Académie des Beaux-Arts
le Comte de FRANQUEVILLE, de l'Académie des Sciences Morales et Politiques.
l'Amiral de La JAILLE, Sénateur de la Loire-Inférieure.
de LAMARZELLE, Sénateur du Morbihan.
de LAS CASES, Sénateur de la Lozère.
JENOUVRIER, Sénateur de l'Ille-et-Vilaine.
BALLANDE, Député de la Gironde.
FLAYELLE, Député des Vosges.
de GAILHARD-BANCEL, Député de l'Ardèche.
GROUSSAU, Député du Nord.
de LAVRIGNAIS, Député de la Vendée.
LEROLLE, Député de Paris.
A. MITHOUARD, Président du Conseil Municipal de Paris.
P. CHÉREST, Président du Conseil Général de la Seine.
Baron d'ANTHOUARD, Ministre plénipotentiaire.
AUCOC, Vice-Prés. du Cons. Gén., Memb. de la Chambre de Comm.
LEFLAIVE, ancien Ingénieur de la Marine, Maître de forges aux Ateliers de la Chaléassière.
GEOFFROY de GRANDMAISON, Président de la Société Bibliographique.
le R. P. JANVIER, Aumôn. de la Corporat. des Publicist. Chrétiens.
le R. P. DUDON, Publiciste.
Georges GOYAU, Publiciste.
JACQUIER, anc. Bâtonn., Doyen de la Facul. libre de Droit de Lyon.
L. de LANZAC de LABORIE, Publiciste.

"Pages actuelles"
(1914-1915)

mende Honorable

PAR

Francisco MELGAR

Avant-Propos de MOREL-FATIO, de l'Institut

PARIS
BLOUD & GAY, Éditeurs
7, PLACE SAINT-SULPICE, 7

1916

NIHIL OBSTAT

Paris, le 17 décembre 1915.

A. BAUDRILLART, *v. g.*

IMPRIMATUR

Paris, le 18 décembre 1915.

† Leo. Ad. Card. AMETTE,
Arch. Paris.

AVANT-PROPOS

Les pages qu'on va lire sont l'amende honorable que le parti carliste devait à la France dans les circonstances tragiques que nous traversons ; mieux encore, nous y entendons le cri de la conscience d'un honnête homme, indigné de la campagne de haines et de calomnies conduite contre notre pays par quelques meneurs du parti, qui, profitant de l'ignorance lamentable des masses carlistes, les trompent en imputant faussement aux Alliés la responsabilité de la guerre et en présentant l'empereur allemand à la fois comme leur victime et comme le défenseur de la religion et de la morale dans le monde.

Dans tout le cours du XIXe siècle, la France a eu plusieurs occasions de témoigner son estime au parti carliste. Même les Français qui ne partageaient pas ses opinions politiques et religieuses ont su rendre hommage à la bravoure, à l'esprit de sacrifice et à la fidélité à leur cause des partisans des deux Don Carlos, qui après avoir combattu en Espagne sont venus chercher un refuge sur notre territoire. Plusieurs de ceux que nous avons accueillis sont restés parmi nous et se sont fait remarquer par la dignité de leur vie et la fermeté de leurs convictions, vertus d'autant plus méritoires qu'ils eurent souvent de grandes misères à supporter.

Parmi ces carlistes, ces vieux carlistes — qu'il faut appeler ainsi pour les distinguer des néocarlistes que le Kaiser a enchaînés à son char — figure en très bonne place Don Francisco Martin Melgar, secrétaire pendant vingt ans du dernier Don Carlos, conseiller intime et éducateur de son fils Don Jaime. Etabli depuis longtemps en France, connu et estimé du monde catholique parisien, M. Melgar a conservé de très nombreuses amitiés en Espagne. Il envoie à certains journaux espagnols des articles, des « lettres de Paris » sur les événements contemporains, remarquables aussi bien par la solidité du fond que par l'agrément d'une langue toujours pure et précise. Mieux que tout autre, il était donc qualifié pour redresser les erreurs de jugement et de conduite de ses coreligionnaires et pour enseigner la vérité à tant d'Espagnols traditionnalistes, qui ont été soigneusement maintenus dans le faux par de mauvais bergers ou qui se sont eux-mêmes bouché les oreilles pour ne pas entendre. Ajoutons que M. Melgar se trouvait à Frohsdorf dans les premiers jours de la guerre auprès de son prince. Il a vu de ses yeux bien des choses dont beaucoup de personnes n'ont parlé que d'ouï-dire et par conséquent inexactement ; il a assisté à des scènes désormais historiques ; il a recueilli des propos et des confidences qui n'étaient pas destinés à la publicité. Son témoignage a une valeur incontestable que nous garantit sa loyauté, appréciée de tous ceux qui ont été en rapport avec lui.

Puissent ces pages, que M. Melgar a écrites avec son cœur d'ami sincère de la France et de sa glorieuse histoire, produire un effet bienfaisant sur ceux à qui elle sont adressées! Sans doute nous ne devons pas nous bercer d'illusions. Le parti carliste s'est engagé dans une voie dont il ne sortira pas de sitôt; mais on peut au moins espérer que la vérité finira par pénétrer dans certains milieux et auprès de certaines personnes qui n'ont pas renoncé de parti pris à leur libre arbitre pour se laisser endoctriner par des esprits faux et chimériques, ou, ce qui est plus fâcheux, par de louches agents de propagande allemande. En tout cas, ce sera un jour l'honneur de ce parti d'avoir compté dans ses rangs un homme assez droit et perspicace pour découvrir le vrai, et assez courageux pour le proclamer bien haut.

A. MOREL-FATIO.

AU GRAND MELLA

LE PETIT MELGAR

DÉDICACE

A

DON JUAN VÁZQUEZ DE MELLA

Mon illustre et très cher ami,

Pardonnez-moi l'incorrection dont je me rends coupable en vous dédiant ce petit livre sans votre permission et même sans vous en avertir d'avance. Deux raisons exigent que votre nom glorieux honore la première page.

D'abord, le but principal de mon travail est d'atténuer — je dis atténuer seulement, puisque les réparer est impossible — les torts innombrables causés à la cause espagnole en général et à la cause légitimiste en particulier, par l'orientation que votre puissant génie a imprimée à l'opinion publique de notre pays.

Me proposant de combattre rudement votre œuvre, je tiens à affirmer dès le commencement l'absolue distinction que j'établis dans mon esprit entre celle-ci et l'ouvrier. Tout en réprouvant la première avec la plus grande énergie, je salue le second avec les sentiments que je garde toujours pour sa personne.

Si quelque chose peut égaler l'amitié que je vous porte, c'est l'admiration sans bornes que vous m'inspirez.

Je continue à vous considérer comme le plus cher de mes amis et la plus pure de nos gloires nationales contemporaines.

Voilà la première raison de ma dédicace.

Mais il y en a une autre.

Quel écrivain, en prenant la plume, ne se propose pas de convaincre quelqu'un ?

Et quel autre que vous puis-je aspirer à convaincre ?

Votre conquérante intelligence a réduit en esclavage toute l'intellectualité carliste.

Les qualités hors ligne de votre esprit

> ***Sont des geôles volontaires***
> ***Pour la liberté de tous.***

Nos masses honnêtes et dépourvues d'artifice vous saluent comme un oracle infaillible. Nos intellectuels, enivrés par le vin capiteux de votre éloquence, ont abdiqué en vous, non seulement leur volonté, mais leur raison. C'est avec votre cerveau qu'ils jugent toute chose. Et cela est tellement exact, qu'aujourd'hui, pour ceux qui regardent le grand drame international qui se joue devant nous, on peut assurer que l'intellectualité carliste n'est plus autre chose qu'une unité suivie de zéros.

Avec les zéros on ne raisonne pas. C'est donc à l'unité que je dois m'adresser.

Pour la convaincre ?... Oui, mon ami. Cela vous donnera la mesure de ma témérité.

La cause originelle du mal est l'ignorance invincible où vous êtes plongé. Les gaz asphyxiants du mensonge allemand vous enveloppent de tous les côtés et vous plongent dans un nuage épais qui vous isole de la réalité.

Emprisonné dans le caveau madrilène, ne respirant que

l'atmosphère empoisonnée du « mentidero » (boîte à cancans) vous manquez de renseignements pour éclairer votre conscience et vous ignorez le premier mot de tout ce qui se passe dans le monde.

En faisant appel, plus encore qu'à des raisonnements (et ceux-ci ne manqueront pas), à des faits ignorés de vous ou que vous ne connaissez que monstrueusement déformés, je vous rendrai un service dont pourront profiter votre bonne foi et l'élévation de votre esprit capable de tout comprendre et même de surmonter les suggestions de l'amour-propre.

Cette confiance de ma part est le plus grand et le plus mérité hommage que je puisse rendre à la droiture de vos intentions.

Malheureusement, l'éloignement où vous vivez du théâtre de la guerre ne me permet pas de faire usage du plus fort et du plus irréfutable des arguments, celui d'avoir recours au témoignage de vos sens.

Vous êtes un être tellement gâté par la Providence que celle-ci ne voulant pas se borner à vous douer d'une intelligence souveraine, a placé dans votre poitrine un cœur qui la surpasse encore en grandeur.

Quel dommage de ne pas pouvoir placer ce cœur devant le spectacle que je contemple tous les jours!

Si vous veniez à Paris, si vous voyiez Lazare comme je le vois, vous ne persévéreriez pas un seul moment dans vos erreurs actuelles.

Le mensonge allemand s'évanouirait aussi vite que la neige au soleil, et en voyant le ressuscité déambuler par ces rues et envahir ces temples avec la figure décharnée gardant encore l'empreinte de la mort mais éclatante d'auguste sérénité, avec les haillons du suai son séjour récent dans le tombeau, la terreur sacrée du surnaturel vous empoignerait et vous baisseriez la tête devant la splendeur du miracle.

Il suffirait alors de bien peu de chose pour vous faire sortir de votre cauchemar. Il suffirait de vous conduire un après-midi au rosaire de Notre-Dame des Victoires, pour vous faire contempler cette foule innombrable de femmes en deuil, privées de leurs enfants et de leurs époux, de leurs frères et de leurs parents par la criminelle ambition du Kaiser, pour vous faire pleurer avec elles.

Il suffirait de vous faire monter une nuit à Montmartre pour participer à l'adoration nocturne des soldats ou de vous conduire un matin au point du jour aux tranchées pour entendre la messe de l'aube parmi les légions de croisés, plus dignes de ce nom que les Zouaves Pontificaux ou les bataillons de Lizarraga, et vous tomberiez à genoux pour prier avec eux... et pour eux !

Alors, adorant ce que vous avez brûlé, et brûlant ce que vous avez adoré, vous sentiriez jaillir de vos lèvres un hymne sublime, hymne d'amour et de vénération vers cette France incomparable, si méconnue et si calomniée, hymne qui ferait oublier vos discours les plus enflammés et que l'histoire immortaliserait comme l'incomparable expression de l'éloquence humaine.

Venez essayer, mon très cher ami, et cette magnifique amende honorable, que nous devons *à la France catholique, donnerait toute la valeur dont elle est dépourvue à cette autre amende honorable que vous offre votre admirateur le plus enthousiaste et votre ami le plus loyal.*

MELGAR.

AMENDE HONORABLE

Les commencements de la guerre

Un des écrivains français, qui a étudié le plus à fond l'âme allemande et percé avec plus de clairvoyance les ténèbres dont elle s'entoure, consigne, dans cette phrase lapidaire, l'état de cet empire : « Le maximum de la civilisation matérielle. et l'absence *absolue* de civilisation morale ».

Le mot est profond et jette des torrents de lumière sur les origines et le développement de la guerre actuelle.

Celle-ci nous a fourni l'occasion d'admirer de véritables miracles d'organisation. Tout (tout ce qui est matériel) était prodigieusement organisé par un travail persévérant et jamais interrompu pendant plus d'un demi-siècle. Les Allemands avaient organisé, jusqu'à la perfection, l'armée, les fabriques, les dépôts, l'espionnage, les fonds de guerre, les mensonges, tout, sans rien oublier.

Des milliers d'officiers, et même des colonels de haute naissance, s'étaient résignés à passer, une, cinq, six, dix années, les meilleures de leur vie, déguisés, employés dans des conditions serviles, comme garçons d'hôtel et de ferme, comme laquais, comme simples ouvriers, pour surprendre tous les secrets de l'ennemi, et, le jour de l'invasion, pouvoir frapper à coup sûr, coupant les mains de ceux qui leur avaient donné le pain de chaque jour et mettant le feu aux foyers hospitaliers où ils avaient été généreusement accueillis.

Des plate-formes bétonnées, des postes de télégraphie sans fil, des profondes tranchées, creusées même dans l'intérieur du pays sans donner de l'ombrage ni aux autorités ni aux habitants, des agences de publicité sans nombre dans tous les pays, tissant avec la patience de l'araignée un filet de calomnies et de nouvelles tendancieuses. Voilà ce que nous avons vu sur le terrain de la préparation matérielle.

Par contre, sur le terrain moral nous avons vu les Allemands méconnaître les sentiments qui font l'honneur de l'espèce humaine, violer des paroles d'honneur et les contrats les plus solennels, écraser le faible, punir dans les innocents le plus petit revers ou même une simple humiliation d'amour-propre, ériger la cruauté en institution et la calomnie en dogme.

Au moment où éclata la catastrophe, je me trouvais en Autriche, au Château de Frohsdorf, et ma première pensée fut qu'enfin la France sectaire et persécutrice allait recevoir le châtiment qu'elle-même avait appelé sur sa tête et que la justice divine avait choisi comme instrument de punition un souverain chevaleresque et magnanime tel que le Kaiser.

Brûlant d'avoir des nouvelles, je partis pour Vienne, franchissant 50 kilomètres, et là, la première chose qui me tomba sous les yeux, fut le document très réservé adressé par l'empereur d'Allemagne à celui d'Autriche, pour porter à sa connaissance l'ordre qu'il avait donné à son état-major de faire une guerre d'extermination. « Mon âme se déchire — disait le document — mais il faut absolument tout mener à sang et à feu, égorger hommes et femmes, enfants et vieillards, ne laisser debout ni un arbre, ni une maison. Avec ces procédés de terreur, les seuls capables de frapper un peuple aussi dégénéré que le peuple français, la guerre finira avant deux mois, j'en ai la certitude, tandis que si j'ai des égards humanitaires, elle pourrait se prolonger pendant des années. Malgré toute ma répugnance, j'ai donc dû choisir le premier de ces deux systèmes qui épargnera beaucoup de sang, bien que les apparences puissent faire croire le contraire.. »

La lecture de pareilles atrocités fut une première douche très glaciale sur mes sentiments germanophiles, et j'ai commencé à me demander si le pseudo Constantin n'était pas autre chose qu'un monstre sanguinaire.

J'étais plongé dans ces méditations quand j'entendis crier les journaux du soir. Je cours les acheter, et j'y trouve une allocution du Kaiser à ses soldats disant : « Je viens d'apprendre que deux médecins militaires français sont parvenus à se glisser par surprise dans la place de Metz, et qu'ils ont empoisonné avec des microbes du choléra asiatique les puits où la garnison puise l'eau. Je vous dénonce ce crime épouvantable. A vous de réfléchir quels moyens vous devez employer pour venger vos camarades condamnés à un genre de mort tellement atroce. »

Alors j'ai reçu plus qu'une simple douche, un déluge. « Cet homme, me suis-je dit, est en effet non seulement cruel, mais menteur et calomniateur. Il aura sans doute d'autres défauts, mais sûrement il n'est pas un idiot, et il faudrait l'être pour s'imaginer que les Français, dont le premier objectif était Metz, allaient introduire de gaîté de cœur dans cette région une épidémie aussi mortelle pour eux que pour les autres, attendu que les microbes ne distinguent pas les uniformes ni les nationalités. Donc, le but de cette allocution ne peut être que de suggérer aux soldats l'idée de ne pas accorder de quartier. »

Un événement fortuit vint confirmer pleinement mes soupçons.

Il me fut permis d'entendre, de l'autre côté de la porte

pour ainsi dire, par un hasard vraiment providentiel, les plaintes et les confidences de l'ambassadeur de Russie se soulageant dans le cœur d'un ami le 1er août. Il lui racontait que la veille, très tard dans la soirée, par ordre de son souverain, il s'était jeté aux pieds de François-Joseph, se mettant entièrement à sa discrétion, et acceptant toutes ses exigences. Son pays, en effet, manquait de préparation, et son Empereur lui avait envoyé l'ordre de se plier à tout « même à l'humiliation », à la condition de conjurer la guerre.

L'empereur d'Autriche s'était rendu à ses prières, l'autorisant à télégraphier à Pétersbourg que tout conflit était évité.

Le lendemain il fut appelé à la Hofbourg pour s'entendre dire que François-Joseph était forcé de reprendre sa parole, l'empereur Guillaume lui ayant répondu : « Si l'Autriche a peur, moi je ne crains personne, et pour couper les ponts, je viens de déclarer la guerre à la Russie. »

Cette révélation fut pour moi le coup de grâce. Elle me fit voir jusqu'à l'évidence le fond de la nature du Kaiser. Il n'était pas, il ne pouvait pas être un instrument de Dieu. Il était, au contraire, poussé par l'esprit du diable, décide à commettre toutes les félonies et à s'embusquer derrière tous les mensonges.

Je me permettrai d'anticiper un peu sur les faits et de dire qu'un mois plus tard, me trouvant en France, au milieu des dépôts de prisonniers, j'eus l'occasion de lire en grand nombre des « journaux de guerre » rédigés par les soldats allemands, où je vis absolument confirmés les ordres barbares de leur Empereur.

« Aujourd'hui, à H... nous avons fusillé quarante femmes. — Aujourd'hui nous avons pendu cinq curés à N... — Aujourd'hui nous avons brûlé avec du pétrole, toutes les maisons de Z... avec la population dedans. »

Voilà le contenu de ces petits cahiers qu'on collectionne

à présent dans la Bibliothèque Nationale et qui se comptent par milliers, tous sont d'accord.

Je ne crois pas inutile d'ajouter que j'ai vu de mes yeux des centaines de Belges mutilés, que j'ai causé avec plusieurs religieuses, anges du ciel, et avec une foule de prêtres d'une vertu au-dessus de tout soupçon, qui ont vu des femmes et des enfants éventrés, qui ont décroché des arbres des prêtres pendus sans forme de procès, et qui ont enseveli leurs cadavres.

Quand on a *vu*, quand on a *entendu* tout cela, est-il possible d'être germanophile ?

Mais fermons la parenthèse et retournons à Vienne au commencement du conflit.

L'ambassadeur de Russie, en recevant ses passeports, annonça qu'il confiait ses concitoyens aux soins de l'ambassadeur d'Espagne qui l'accompagna jusqu'à la gare du départ. A la gare on trouva un train tellement réduit comme matériel, qu'il fut impossible d'y tasser tout le personnel russe. Et deux employés de la Chancellerie restèrent sur le quai sous la protection de l'ambassadeur espagnol qui les conduisit dans sa voiture au palais d'Annagasse.

Le lendemain matin un commissaire de police frappa à la porte.

Voici son dialogue avec l'ambassadeur :

Le Commissaire. — Je viens arrêter deux espions russes cachés dans cet édifice.

L'Ambassadeur. — Je ne suis pas un receleur d'espions, et vous n'avez pas le droit de franchir cette porte. Ici, nous sommes en territoire espagnol.

Le Commissaire. — En temps de guerre l'extraterritorialité n'existe pas.

L'Ambassadeur. — Permettez... Les immunités diplomatiques sont plutôt accordées pour le temps de guerre que pour le temps de paix, de même que les médicaments s'emploient plutôt dans les maladies que dans les circonstances normales. Je vous défends de passer les frontières de ma patrie.

Le Commissaire. — Livrez-moi les espions ou je fais fouiller le palais.

L'Ambassadeur. — Je ne vous livrerai personne et vous ne fouillerez rien.

Le Commissaire. — Alors, j'emploierai la force.

Et il le fit ainsi. Ayant quitté l'ambassade, il y revint quelques minutes plus tard avec une section de troupe, il mit la main sur les deux malheureux et il les plongea dans un cachot d'où ils ne seront probablement sortis que pour s'en aller dans l'autre monde.

Je ne suis pas dans le secret de M. de Castro Casaléiz. Je sais pourtant qu'il est aussi parfait gentilhomme que diplomate expérimenté. Je suppose donc que s'il a caché ce fait scandaleux, sans formuler les réclamations publiques qu'il comportait, cela n'a pas tenu à ses sentiments germanophiles mais à des suggestions patriotiques. Il a préféré dévorer l'affront en silence, plutôt que de créer des embarras à son gouvernement en le forçant à prendre des mesures énergiques qui auraient risqué d'ébranler la neutralité espagnole.

Mais le fait subsiste, et je le tiens directement d'une très haute personnalité autrichienne qui, malgré ses sentiments intimes, fit des démarches — naturellement inutiles — pour obtenir l'élargissement des deux Russes et les satisfactions dues au drapeau espagnol. Je mets au défi qui que ce soit de nier l'authenticité des faits que j'avance.

Je recommande spécialement cet incident historique à la presse carlo-luthérienne, laquelle fait monter à mon front le rouge de la honte chaque fois qu'elle répète le cri foncièrement anti-espagnol de : « L'Allemagne au-dessus de tout ! » Oui, au-dessus de tout, même du drapeau espagnol, que les lansquenets allemands traînent par terre pour s'y essuyer les pieds comme sur un paillasson.

Le Sophisme du Jacobinisme

Je vais au devant d'une objection qu'on pourrait faire au précédent chapitre.

« Nous vous accordons, pourrait-on me dire, tout ce que vous voudrez contre les Allemands et leur empereur. Ils sont cruels, ils sont menteurs, ils sont traitres, orgueilleux et perfides. Est-ce que tout cela nous autorise à faire des vœux pour la France dont le triomphe serait le triomphe du jacobinisme et la consolidation de la république persécutrice et sectaire ? »

Prétendre que le triomphe de la France serait synonyme du triomphe de la république jacobine, est poser une pétition de principe qui devrait être écartée avec dédain. Personne ne connaît l'avenir. Quant au présent, il nous apprend que ceux qui luttent et qui meurent, ceux qui gagnent des batailles et qui commencent à se compter et à prendre conscience de leurs forces numériques écrasantes, ce sont les catholiques avec leur clergé tout autant, sinon plus, que les jacobins. Il est à espérer que quand les trois ou quatre millions de soldats qui survivront à la tuerie rentreront vainqueurs à Paris, ils ne se laisseront plus opprimer par une poignée de sectaires qu'aujourd'hui il est matériellement impossible de déloger de leur poste, le patriotisme et les suprêmes intérêts de la défense nationale s'y opposant, puisqu'on ne change jamais les chevaux d'une voiture quand on traverse un gué.

Mais je veux prouver mon esprit de conciliation et j'accepte la pétition de principe : c'est la république persécutrice qui triompherait avec la France.

Eh bien, qu'est-ce que ça me fait à moi, catholique espagnol ? En quoi ma religion et ma patrie pâtiront-elles de ce fait ?

Le malheur serait irréparable pour la France, mais pour la France seule. En peu de temps elle serait effacée du nombre des nations, tandis que le catholicisme, ses intérêts généraux et ceux du Saint-Siège resteraient intacts.

J'en souffrirais en vertu de la loi de charité qui exige de nous d'avoir pitié des malheurs du prochain, mais c'est tout. La persécution sévissant en France donnerait un coup mortel aux catholiques français, et avec eux à leur pays, sans produire d'autres désastres dans le reste du monde.

Combien différente serait la situation créée par la victoire allemande dont la répercussion atteindrait tout le monde d'un bout à l'autre !

Cette victoire inaugurerait une guerre sans merci au catholicisme, elle affirmerait la suprématie mondiale de l'esprit protestant, la glorification de Luther (« mon ami Luther » ainsi que le Kaiser l'appelle), l'anéantissement de la « superstition romaine » (« pensée constante de toute ma vie », selon la phrase du même blâmant rudement la princesse Sophie pour son abjuration). Elle provoquerait les plus sacrilèges attentats contre le Saint-Siège.

Personne, ni parmi les individus, ni parmi les peuples, n'aurait des droits à la vie s'il n'acceptait pas le stigmate de la bête, s'il ne se laissait pas imposer l'empreinte de la Réforme, en reconnaissant Guillaume comme souverain spirituel et pape satanique.

Tout, tout plutôt que d'encourir un si odieux esclavage ! Périsse la France, que mille Frances périssent, mais sauvons le centre de la vérité religieuse. Epargnons au catholicisme la plus ténébreuse des éclipses, celle produite par le casque prussien tombant comme un immense éteignoir sur la chaire de Pierre et l'Eglise du Christ!

Les troupes de couleur

Un autre sophisme qui fait pendant à l'antérieur, c'est celui des troupes de couleur.

Il y a quelque temps j'ai reçu de Barcelone, par la poste, une carte postale représentant un grand nombre de soldats, noirs et jaunes, au service des alliés.

Et quelqu'un avait écrit au bas: « Voici les défenseurs de la civilisation, vos amis. »

La carte postale étant sans signature, je n'ai pu envoyer la réponse en temps utile à mon anonyme correspondant, évidemment un jouvenceau auquel n'ont pas encore poussé les poils au menton ni même les dents dans la bouche.

Voici aujourd'hui cette réponse :

« Ne parle jamais de ce que tu ne connais pas, naïf garçon. L'emploi des troupes de couleur n'est pas un acte barbare, au contraire, il est un acte de sagesse et de justice et obéit à cette idée hautement morale : il faut défendre avant tout les civilisations supérieures ; et, s'il y a quelque chose à sacrifier, que ce soit plutôt les représentants des cultures inférieures. La mort d'un Charles Péguy n'est-elle pas autrement sensible que la perte de toute une tribu de Sénégalais?

« Rien de plus licite, rien de plus plausible, rien ne sert

plus la civilisation que l'emploi de ces races à la guerre, pourvu qu'on les utilise simplement comme *instruments*. Est-ce qu'on n'utilise pas les mulets pour l'artillerie et les boulets pour les canons? Quand le rideau sera tombé sur le drame sanglant, ces hommes, jaunes et noirs, rentreront dans leurs solitudes pour redevenir ce qu'ils étaient auparavant. Tant qu'ils s'obstineront dans leur sauvagerie, ils y végéteront sans éclat et personne parmi les alliés n'aura l'idée saugrenue de les appeler pour partager avec eux le gouvernement du monde.

« Il y a une autre chose véritablement barbare, sauvage, scandaleuse, incompatible avec toute civilisation, c'est de se servir de ces créatures inférieures et dégénérées, non comme *instruments*, mais comme *collaborateurs*. C'est dans ce sens un délit impardonnable, un crime de lèse culture que celui que le Kaiser a commis en redonnant la vie au moribond empereur des Ottomans et en lui offrant de partager avec lui la domination du monde. Le Turc pourra ainsi continuer à prendre des bains de sang chrétien, à exterminer des milliers de Syriens et des centaines de milliers d'Arméniens, et étendre les ombres de l'Islam sur la moitié de la terre.

« Voilà la barbarie dans toute son horreur, et ceux qui s'y opposent sont des champions de la culture quelle que soit la couleur de leur peau.

« C'est à cause de cela qu'on doit rectifier une phrase peu heureuse de Mella. Au lieu d'appeler le Kaiser l'exécuteur testamentaire de Philippe II (compliment qui équivaut à un sacrilège soufflet appliqué au cadavre du roi prudent, exterminateur de luthériens), il serait plus exact et plus conforme à la vérité historique de dire que Sir Jan Hamilton et l'amiral Jollicoe, luttant dans les Dardanelles contre le croissant, sont les héritiers directs de Don Juan d'Autriche.

« Admettant que les simples soldats sont de la chair à

canon, il n'est certes pas plus barbare de charger les pièces d'artillerie avec de la chair noire ou jaune, qu'avec de la chair blanche.

« Si les Allemands n'acceptent pas ce procédé, ce n'est pas sûrement faute d'envie, mais parce qu'ils ne peuvent pas en faire autant.

« Les méthodes coloniales françaises sont basées, sauf de rares exceptions, sur la douceur. Les Allemands, au contraire, sont durs jusqu'à la férocité, ainsi que le prouvent les scènes sanguinaires du Congo et du Cameroun et les infamies perpétrées chez les Herreros.

« Les Français peuvent donc compter sur la fidélité et l'amour des indigènes de leurs colonies. Tandis que si les Allemands commettaient l'imprudence d'armer les leurs, ceux-ci, sans avoir jamais entendu le fameux couplet de l'*Internationale*, le mettraient en pratique, réservant les premières balles pour les chefs blancs et vengeant les injures dont ceux-ci les avaient abreuvés.

« Commences-tu à comprendre, gamin de la carte postale?

« Prends note de toutes ces vérités que t'auront soigneusement cachées les organes carlo-luthériens, et remerciemoi de l'œuvre de miséricorde que je pratique avec toi en instruisant celui qui ne sait rien. »

Le Catholicisme Allemand

Il y aura bientôt quatre ans que je dus faire un voyage en Allemagne pour des raisons qui n'ont rien à voir avec les questions actuelles.

Mon excursion ne se prolongea pas. Je ne dépassai pas

la Prusse rhénane et la Westphalie et je ne visitai pas d'autres villes importantes que Cologne et Dusseldorf.

Je n'eus pas lieu d'être trop mécontent quant au but principal de mon voyage, mais j'y fis une découverte on ne peut plus écœurante : si les catholiques allemands sont catholiques apostoliques, ils ont bien peu de chose de romain.

La tiédeur, l'éloignement, le dédain qu'ils montrent à l'égard du Saint-Siège sont aussi visibles qu'unanimes.

A ce moment-là il y avait une question de brûlante actualité, l'interconfessionnalisme, matière très grave qui venait d'inspirer à l'immortel Pie X deux déchirantes encycliques attirant l'attention de l'épiscopat et des fidèles de l'empire sur les immenses dangers des syndicats mixtes ou interconfessionnaux, et recommandant à tous, les larmes aux yeux, l'urgent besoin pour le salut des âmes de fonder de préférence des syndicats purs, sans aucun mélange. Tous les Allemands qui me parlèrent de ce problème (et pas un seul n'y manqua) désapprouvaient âprement les encycliques.

Tous, sans exception, les prélats, les hauts dignitaires ecclésiastiques, les députés du Centre, les journalistes, des présidents d'œuvres sociales, des maîtres d'école, tous en un mot.

Leur refrain était toujours le même. On dirait qu'ils répétaient une consigne apprise par cœur.

« Nous avons sur la chaire de saint Pierre le plus saint des hommes. Quelle place éminente il occupera dans le ciel, mais qu'il est funeste sur terre ! »

« Il ne parle aucune langue, hors un dialecte italien. Il n'a pas voyagé. Il ne connaît du monde que ses chères lagunes vénitiennes. Il ignore en conséquence, et il doit ignorer, l'âme allemande et les besoins de notre temps. Ses encycliques prouvent qu'il ne connaît rien de la réalité.

Lui obéir serait causer les torts les plus graves à la cause catholique en Allemagne. »

Excédé d'entendre toujours le même son de cloche, je me risquai à ouvrir mon cœur à un missionnaire apostolique — un missionnaire ! — très obligeant pour moi.

« Si vous pensez tous ainsi, lui dis-je un jour, comment expliquez-vous les résolutions des deux conférences de Fulda dans lesquelles tout l'épiscopat allemand en masse a adhéré aux deux encycliques.

« — Où avez-vous vu cette adhésion ?

« — Dans la presse catholique française.

« — Voyons, voyons ! Vous en êtes encore là, avec vos années et vos cheveux blancs ? Vous ne vous êtes pas encore aperçu que Français et menteur sont synonymes ? La presse française a propagé ce mensonge soit à cause de sa légèreté proverbiale, soit à cause de son habituelle ignorance, soit encore dans une intention charitable pour nous tirer d'un mauvais pas et ne pas mettre en relief les divergences entre le Saint-Siège et les évêques. Les actes des conférences n'ont pas été publiés. Ils ne pouvaient pas l'être, parce qu'ils risquaient d'être interprétés comme un soufflet au Souverain Pontife. Mais je sais ce qui se passa au sein de ces réunions, ayant assisté à la seconde comme assesseur d'un évêque. A Fulda il y a eu les deux fois unanimité dans l'épiscopat pour reconnaître que le pape se trompait et que les encycliques étaient inapplicables. Un seul évêque, quoique partageant cet avis, proposa — vu qu'après tout la pierre de touche du catholicisme est l'union inconditionnelle avec le vicaire du Christ — d'accepter les encycliques la mort dans l'âme, en attendant de faire changer d'avis Pie X au moyen de représentations persistantes aussi énergiques que respectueuses. Aucun évêque ne voulut se ranger à ce point de vue, et l'assemblée adopta à l'unanimité, sauf une voix, la formule : on obéit mais on n'exécute pas. En effet, nous avons laissé de côté les instructions pontificales, et nous continuons à proscrire les syndicats recommandés par le Vatican et à favoriser les autres, avec des résultats on ne peut plus encourageants, car aujourd'hui les derniers comptent des millions de membres, et les premiers un nombre négligeable. »

Voilà les dispositions d'esprit des catholiques allemands. C'est à cause de cela que moi, convaincu de la froideur de leurs sentiments pour tout ce qui a rapport à l'obéissance et à la soumission au successeur de Pierre, lorsque j'ai lu la protestation élevée par l'épiscopat allemand au Kaiser contre le livre de Mgr Baudrillart et que j'y ai trouvé la phrase finale : « Nous interjetons appel contre cette œuvre devant notre suprême autorité spirituelle », je n'ai pu m'empêcher de sourire.

« J'en doute, me suis-je dit tout de suite. Un Allemand, même revêtu de la pourpre, est allemand avant d'être catholique, et il se sent sujet du Kaiser plutôt que du pape. Recourir à ce dernier ce serait avouer une suprématie qu'on ne reconnaît pas pour toutes les questions patriotiques ou nationales. »

Mon instinct ne me trompait pas. Plusieurs mois se sont écoulés et l'appel n'est pas encore parvenu au Vatican.

Mgr Baudrillart, qui vient d'arriver de Rome, en a reçu l'assurance directement des lèvres du Cardinal Gasparri, Secrétaire d'Etat du Souverain Pontife.

Mon missionnaire de Cologne aura beau dire que Français et menteur sont synonymes, une chose est sûre c'est que même en supposant l'illustre recteur de l'Institut Catholique de Paris capable de manquer à la vérité, celui-ci serait immédiatement désavoué par le Secrétaire d'Etat, ainsi que le fut M. Latapie, à l'occasion de sa fausse interview.

Je viens d'exposer les sentiments prédominants dans la

masse. Voyons maintenant quels sont les penchants secrets du Kaiser, appelé, selon la presse carlo-luthérienne, à restaurer le catholicisme dans le monde.

Etant le premier à avouer mon incompétence dans la matière, puisque je suis bien loin de connaître les pensées de derrière la tête des directeurs de la politique allemande, je ne dirai rien de mon cru et je cède la parole à de hautes autorités ecclésiastiques du pays en question.

La première, celle de Mgr Rosenberg, professeur de théologie, le même qui essaya de réfuter avec bien peu de succès le livre de Mgr Baudrillart et dont, par conséquent, on ne peut soupçonner la partialité.

Ce savant ecclésiastique a publié dans un des derniers numéros de la revue *Theologie und Glaube*, un long article jetant le cri d'alarme à ses compatriotes et coreligionnaires, sur le danger qu'ils vont courir après la victoire allemande escomptée par lui comme certaine.

Les catholiques allemands doivent, selon lui, se préparer sans retard à la défensive parce qu'on doit craindre après la paix l'avènement d'un second kulturkamf « pas exactement sous la même forme que celui de 1871, mais sous une autre non moins dangereuse ».

« La première position, dit-il, qui sera assiégée et qui sait? prise par un assaut brusqué, c'est l'école primaire confessionnelle. La loi de 1906 sur l'instruction primaire établit comme règle l'école confessionnelle, mais elle tolère l'école simultanée comme exception. Or, depuis que cette loi est en vigueur, l'idée de l'école allemande homogène a fait de grands progrès, lesquels ne feront que s'accroître une fois la guerre finie. N'oublions pas que tout récemment, à Dusseldorf, le libéralisme a refusé aux écoles privées supérieures de femmes les subventions qu'il accorde si généreusement aux établissements non confessionnels. C'est bien à craindre que l'attaque commence de ce côté. Heureusement le catholicisme allemand n'a pas besoin de se préparer ni d'adopter des mesures exceptionnelles pour se défendre. Il a créé depuis longtemps une organisation de paix très susceptible de se transformer en organisation de guerre pour lutter en défense de ses intérêts les plus sacrés sous la direction de nos chefs naturels les évêques. Fortement serrées, toutes les associations catholiques allemandes avec toute notre presse descendront sur le champ de bataille pour opposer au criminel agresseur une telle « furie catholique » qu'elle sera irrésistible.

« Il serait téméraire d'engager une lutte de conscience contre le tiers de la population de l'empire, mais nous avons le devoir de tout prévoir et de nous demander : doit-on craindre un second kulturkamf après la grande guerre ? Impossible de donner une réponse catégorique. Il y a autant de raisons pour l'affirmative que pour la négative, et il convient d'attendre les événements. Ce qu'il faut dire, c'est que les catholiques allemands ne le souhaitent pas, mais ne le craignent pas non plus, étant préparés pour la bataille. »

Le même cri d'alarme est jeté par une autre éminence allemande, l'évêque de Rottembourg, Mgr Keppler, lequel dans la cérémonie de la consécration d'une nouvelle église à Scharemberg (Wurtemberg), s'écriait il y a peu de temps :

« Personne ne sait si la guerre actuelle sera suivie d'une autre aussi importante en fait pour le peuple allemand que celle-ci. Il y a des indices qui nous autorisent à regarder comme très possible un prochain conflit intellectuel dans lequel il s'agira de décider si l'Allemagne sera ou ne sera pas un Etat chrétien. »

Dans l'apostolique Autriche aussi se manifestent les mêmes craintes.

Mgr Piffl, archevêque de Vienne, s'exprimait ainsi dans une réunion de catholiques à Meidlung :

« Je ne saurai assez vous dire, mes chers Messieurs, la

joie que j'éprouve en constatant les progrès faits par l'idée catholique à Meidlung, en voyant surtout le zèle déployé par les hommes dans les organisations catholiques.

« Quand cette guerre monstrueuse sera finie, une autre éclatera comme en 1871, la guerre du kulturkamf. Alors, mes chers catholiques, il faudra bien ouvrir les oreilles à la voix de l'Eglise et de votre prélat. Alors nous aurons besoin de prouver que nous ne sommes pas des chiffons, mais des hommes forts et résolus, attachés à notre vieille foi et à nos traditions et disposés à ne pas nous laisser égarer et à ne jamais capituler avec notre conscience. »

Ceux qui sont portés à croire que le triomphe de l'Allemagne inaugurerait une ère Constantinienne en donnant la paix à l'Eglise, ont une belle matière à réflexion dans ces prédictions.

Qu'ils descendent au fond de leur conscience et qu'ils disent en toute loyauté s'ils se croient mieux renseignés que ces trois autorités allemandes et catholiques sur ce que « l'ami de Luther » est en train de manigancer pour le lendemain de sa victoire.

La Presse carlo-luthérienne

Sur un immense front de bataille, qui va de la mer du Nord aux Alpes suisses et qui occupe plusieurs centaines de kilomètres, sont ouvertes deux rangées de tranchées.

Le clairon sonne l'attaque et du fond des unes s'élève une émouvante clameur religieuse, des invocations au

Sacré-Cœur de Jésus, des appels à la Vierge Marie, et surtout le suprême appel aux miséricordes divines avec le cri mille fois répété de : Absolution ! et les ministres de Dieu étendent les mains sur ces foules croyantes pour les bénir.

Des tranchées opposées monte jusqu'aux cieux, ou pour mieux dire descend jusqu'aux abîmes, un hurlement satanique et des milliers de voix avec des accents gutturaux clament l'hymne de la haine, le choral de Luther.

Et il y a des journaux qui se glorifiant du nom de catholiques se joignent aux seconds et demandent à Dieu de leur donner la victoire et d'écraser les autres.

Et ces journaux sont des journaux carlistes, les représentants des croisés modernes.

Si mes maîtres inoubliables Navarro Villoslada et Gabino Tejado, Ceferino Suárez Bravo et Aparisi Guijarro levaient la tête, avec quelle noble indignation stigmatiseraient-ils cette aberration de ceux qui prétendent avoir recueilli leur héritage dans la presse !

Mais plus encore que cette monstrueuse attitude, ce qui mettrait le comble à leur stupeur, serait le langage dans lequel s'enveloppent ces sentiments contre nature.

Quel ton trivial et grossier ! Quelles plaisanteries non seulement de caserne ou de mauvais lieu mais de bagne ! Quelle dislocation de clowns en délire ! Quelle façon dévergondée de se moquer des choses les plus augustes et les plus respectables, de la mort même ! Quel style canaille et ordurier pour tourner en ridicule des hommes dont le seul délit est de mourir en défendant leurs foyers envahis !

Il va sans dire qu'il y a des exceptions et parmi celles-ci il n'est que juste de citer le poli Miguel Peñaflor et le pondéré Junyent.

Mais en dehors des très rares écrivains qui gardent le respect dû à leur plume, à leur public et même à leur adversaire, quelle dégradation intellectuelle plus honteuse !

Après avoir déversé des tonneaux de basses injures sur des héros qui étonnent le monde, ils disent avec un cynisme déconcertant et avec des prétentions à l'esprit mais sans atteindre autre chose que l'ineptie : « Les Alliés nous aiment ! » Et ayant lâché cette soi-disant ironie, ils essayent de prouver que les alliés n'aiment pas les Espagnols.

Naturellement : c'est le contraire qui serait étonnant. Surpris par trahison, un Bayard ou un Cid est étendu par terre. Un rustre passe, un gourdin à la main, et le frappe d'un coup de trique. Le chevalier tombé lève les yeux avec mépris et crache à la figure de l'insolent : « Lâche ! »

Et le rustre se tourne vers le public et il crie scandalisé : « Vous le voyez, messieurs, vous en êtes témoins, cet homme ne m'aime pas ! »

Il y a quelque temps, le doyen des organes de la presse carliste, un journal estimable entre tous et auquel je suis fier d'avoir collaboré une grande partie de ma vie, publiait un entrefilet genre voyou dont l'auteur, avec une joie digne du nom de cannibalesque, récapitulait toutes les sommes tirées par les Allemands des malheureuses villes, comme contribution de guerre.

C'est ainsi qu'on désigne aujourd'hui l'opération que nos ancêtres appelaient tout simplement mettre à sac.

L'addition montait, si j'ai bonne mémoire, à 750 millions de francs.

Le journaliste antropophage ajoutait : « Les Allemands pourront être vaincus, je veux bien l'accorder par bonne grâce, mais qui est-ce qui leur enlèvera dorénavant ces 750 millions ? »

Le rouge de la honte m'a brûlé la figure et ne pouvant pas me retenir j'ai pris la plume et j'ai écrit au très digne directeur du journal :

« J'ai lu l'entrefilet écrit non pas même avec les pieds, mais avec les bottes, où un Hotentot se réjouit faisant le compte de ce que les Allemands ont volé aux Belges,

750 millions, et il met au défit qui que ce soit de le leur enlever. Dites à cet inconscient que je tiens le pari. Ces sommes volées seront restituées par la force, de même que si un bandit de grand chemin me prend mon portefeuille, il sera contraint de me le rendre le jour où la gendarmerie lui aura mis la main au collet. »

Avec cette bravade sans explication et sans excuse on fausse la conscience de nos malheureuses et suggestionables masses carlistes et on leur inocule des sentiments féroces qui provoquent des faits aussi révoltants que le suivant.

Un des organes les plus jeunes du parti carliste, mais non des moins méritoires, se plaignait il n'y a pas longtemps, avec une certaine amertume, d'avoir reçu des lettres comminatoires de plusieurs de ses lecteurs parce qu'il avait inséré les communiqués officiels annonçant des victoires russes.

« Nous ne voulons rien savoir, écrivaient les protestataires, qui puisse être favorable aux alliés. Si vous publiez encore quoi que ce soit de désagréable pour l'Allemagne, vous pouvez nous rayer du nombre de vos abonnés. »

Est-il possible d'être plus bête ? Il faut, en effet, avoir l'esprit d'un âne bâté pour se reconnaître soi-même la nature de l'autruche et pour croire qu'en cachant la tête sous l'aile et en ne voyant pas le chasseur le danger n'existe pas.

Et que dois-je dire de mon cher *Correo Español* créé et nourri par moi, et que je ne puis regarder malgré tout qu'avec des yeux de père ?

Heureusement il est maintenant défendu en France. Je dis heureusement parce qu'on ne pourra jamais exagérer les torts immenses que sa lecture a faits à l'Espagne et à la cause carliste en jetant la semence de haines implacables — et on ne peut plus justifiées — dont les traces se perpétueront à travers plusieurs générations.

Il ne pouvait en être autrement si on considère la provocatrice et insolente partialité dont il fait étalage.

L'autre jour, par le plus grand des hasards, j'ai mis la main sur un numéro très ancien et je suis tombé à la renverse en y lisant un petit article aux allures de note officieuse, où l'on disait, sous ce titre : « Ce que les carlistes doivent à l'Allemagne » :

« Si nous n'avions pas d'autres raisons pour souhaiter la victoire allemande, la reconnaissance que nous devons à cet empire nous suffirait.

« Ceux qui voudraient se documenter à fond sur tout ce que l'Allemagne a fait pour notre cause, peuvent consulter les sources suivantes : 1° les Mémoires du Général Berriz ; 2° les conférences de M. Estrada avec Bismarck ; 3° la magnanimité du Grand Chancelier réagissant contre le mauvais effet produit dans son pays quand nous avons fusillé le capitaine Schmidt, acte qu'il a eu le courage de défendre et de qualifier de juste ; 4° les lettres du même chancelier conservées dans les archives de Frohsdorf ; 5° les déclarations insérées dans le *Journal de Paris*, en 1876, par le général Cathelineau, reconnaissant les grands services que les carlistes devaient à Bismarck. »

On ne peut opposer à l'article précédent que ces *légères* rectifications :

1° Le général Don Elicio de Bérriz, qui a été en correspondance suivie avec moi jusqu'à son dernier moment et qui, peu avant sa mort, est venu habiter sous mon toit au palais Loredan pendant six mois, est descendu au sépulcre sans avoir laissé aucun genre de Mémoires ; 2° le regretté Don Guillermo Estrada est mort sans avoir jamais vu Bismarck sauf en photographie ; 3° quand les carlistes, usant de leur droit, ont fusillé le capitaine prussien Schmidt, espion pris au service de nos ennemis, la seule preuve de magnanimité de Bismarck fut d'envoyer deux cuirassés — l'un s'appelait l'*Albatros* et j'ai oublié le nom de l'autre — pour bombarder nos pauvres villages de pêcheurs de la côte cantabrique : je me trompe, ce ne fut pas sa seule preuve de sympathie ; il a fait aussi publier dans le *Journal Officiel* de Berlin, une note déclarant criminel de droit commun notre courageux infant Don Alfonso, frère de Don Carlos, et ordonnant que s'il venait à être appréhendé sur le territoire allemand, il serait livré aux autorités espagnoles comme assassin et incendiaire de Cuenca ; 4° dans les archives de Frohsdorf, que je connais un peu mieux que le rédacteur du *Correo Español*, n'existe pas une seule ligne écrite par Bismarck ; 5° le général Cathelineau, auquel j'ai été lié par la plus étroite intimité, n'a jamais parlé du Chancelier de Fer que pour l'exécrer et le maudire. Si cet homme aussi rude et aussi dur dans la forme que noble et doux dans le fond (ses soldats l'appelaient le Sanglier), avait seulement soupçonné que Bismarck fut capable de rendre au carlisme le service le plus insignifiant, il aurait renoncé soudain à l'idéal de toute sa vie et il aurait tourné le dos à la cause légitimiste espagnole.

A part ces *petites* inexactitudes, tout ce qui reste de l'article du *Correo* est la pure vérité.

Avec ces monstrueuses inventions, on égare l'opinion carliste et on trompe tout un parti digne du plus grand respect.

Et ces inventions rétrospectives sont de la petite bière comparées aux grossiers mensonges débités par notre presse pour cacher la vérité sur les opérations de la guerre actuelle, soit en n'insérant pas les communiqués des alliés, soit en essayant de les ridiculiser avec la plus irritante mauvaise foi, soit en exagérant les petits avantages allemands tandis qu'elle cache les plus glorieux succès des alliés.

Il suffira de dire que notre public ignore à la date d'aujourd'hui que les batailles de la Marne et de l'Yser ont été deux grandes victoires françaises, l'une offensive et l'autre (équivalente aux victoires carlistes de Somorrostro, mais sur une échelle beaucoup plus grande) défensive, et la première d'une telle transcendance, qu'elle restera dans l'histoire à la hauteur de las Navas de Tolosa ou de Waterloo.

C'est là, en effet, que la guerre a été virtuellement finie. C'est là que Goliath est tombé. Malheureusement il est tombé en territoire français, et il faudra encore des efforts surhumains pour remuer un cadavre si lourd et recouvert de tant de tonnes de fer. Mais on y parviendra. L'essentiel est qu'il soit mort.

Les épiques combats de la Marne ont été la répétition littérale de la bataille des Champs Catalauniques, livrée exactement sur les mêmes lieux. Attila fut repoussé depuis Compiègne jusqu'au delà de Soissons. Après Soissons il s'arrêta pendant plusieurs mois derrière ses chars de guerre, de même que l'Attila moderne se protège dans ses tannières. L'arrêt du premier Attila fut long. Cela n'avait pas d'importance du moment qu'il s'agissait d'un vaincu, d'une bête fauve privée déjà de ses griffes et de ses dents. Aujourd'hui nous assistons au même spectacle et le cas est identique.

Pourtant j'ai lu dans un de nos journaux un article sur la grande victoire allemande de la Marne, signé par : « Un officier de l'armée espagnole ». J'ai une trop haute idée de nos officiers pour pouvoir admettre un seul instant l'authenticité de la signature. Le pseudo-officier prétendait que la retraite allemande fut volontaire et qu'elle faisait partie du plan général de campagne élaboré dès le commencement. « Constituant un mouvement stratégique tellement parfait et merveilleux, que Napoléon Ier et Moltke ensemble n'auraient pas été capables de concevoir et moins encore d'exécuter rien de pareil. »

« Avec de tels généraux, ajoutait le faux officier, comment douter un seul instant de l'issue de la guerre ? »

Ces mensonges par omission, qui cachent au lecteur impartial les éléments dont il a besoin pour juger les événements, sont arrivés dans la presse espagnole à un degré inouï.

Ainsi, par exemple, les carlo-luthériens n'ont jamais publié intégralement l'immortelle pastorale du Cardinal Mercier. Ils ne l'ont fait connaître que mutilée, supprimant la partie très importante où le grand Primat belge publie la liste des prêtres assassinés dans son diocèse, jurant par sa foi de prince de l'Eglise que tous étaient des innocents.

Avec la même impudeur la presse carliste a caché d'autres faits de la plus haute transcendance, tels que la conversion de Prüm et de Godefroi Kürth, deux gloires de l'Eglise, de sang, d'éducation, de langue, de formation intellectuelle allemande, francophobes toute leur vie et qui, ayant été témoins des crimes allemands, renient leur passé, ouvrent les yeux à l'évidence et écrivent des pages magnifiques pour glorifier la France.

Quelle honte pour moi, carliste de toute la vie et pas très éloigné, par le triste privilège de l'âge, de devenir le doyen de notre communion, quelle honte de voir les journaux de mon parti organiser la conspiration du silence autour de ces faits, tandis que d'autres publications, tout en étant aussi germanophiles, se croient le devoir de ne pas les cacher à leurs lecteurs !

Exemple *El Universo*, journal excellent à bien des titres, auquel je dois des égards que je n'oublie pas, mais qui, en fin de compte, n'est pas carliste. Eh bien, *El Universo* a dédié, bien à contre-cœur, deux consciencieux articles aux conversions de Prüm et de Kürth, en les regrettant.

Il les regrettait et c'était son droit, mais il reconnaissait leur haute signification et ne plaçait pas la lumière sous le boisseau mais au-dessus pour éclairer son public.

Jamais je n'ai vu non plus dans les colonnes de ce journal, au milieu de ses attaques les plus dures et parfois les plus injustes contre les alliés, ni un gros mot, ni une impertinence, ni une plaisanterie de mauvais goût. Toujours de la bonne foi et de la bonne éducation même dans les erreurs.

Tout l'opposé de ce qu'on voit dans la presse carlo-luthérienne.

Il ne faut pas oublier la ridicule fable propagée par celle-ci à propos des armées russes, lesquelles n'existent plus pour elle depuis le mois de mai. A cette époque, elles ont été exterminées toutes jusqu'au dernier homme par les Allemands.

Une demie année s'est écoulée et ces armées dont l'héroïsme n'est dépassé par aucun autre des belligérants, sauf les Serbes, continuent à se battre courageusement, parfois sans canons et sans munitions, contre des forces doubles et triples en leur infligeant de sanglantes défaites à la baïonnette et à coups de crosse. Seulement, dans le courant de septembre dernier, elles ont fait aux adversaires plus de cent mille prisonniers.

Et notre aveugle public non seulement ignore ces hauts faits, mais il croit que les Russes sont finis pour toujours et que les Allemands n'ont qu'à recueillir les derniers fuyards à la cuillère !

Cela dure depuis six mois, et le naïf lecteur carliste est tellement crédule qu'il n'aperçoit pas que cette simple durée est le plus éclatant démenti qu'on puisse donner aux grotesques inventions de ces journaux !

Le Chœur des eunuques

La conséquence de cette conspiration permanente contre la vérité a été de créer dans les masses carlistes un état d'esprit vraiment dégradant qui se traduit par un culte idolâtre pour tout ce qui se rapporte à l'Allemagne.

Bien des fois j'ai entendu cette phrase de la bouche de Don Candido Nocedal, qui se plaisait à la répéter :

« Je dois à la Providence deux bienfaits dont je remercie Dieu tous les jours de ma vie. L'un, celui d'être catholique ; l'autre, celui d'être latin. Le premier me remplit d'une reconnaissance infinie ; le second d'un sentiment de noble et de légitime fierté parce que les Latins sont l'aristocratie de l'espèce humaine : le reste n'est que de la plèbe. »

On pouvait dire cela au temps de Don Candido. Les carlo-luthériens ont tout mis à l'envers.

Pour eux, les Latins ne sont que des chiffons, les dernières des créatures, des êtres abjects, et, si nous aspirons à nous régénérer, il ne nous reste qu'un moyen : nous faire inscrire dans le troupeau allemand, non pas dans la catégorie des bergers, mais des moutons, et nous soumettre à la cravache prussienne, seul instrument capable de nous redresser.

Non, et mille fois non. Je n'accepte pas cet affront immérité. Don Candido avait raison. Nous, les Latins, nous sommes d'une essence infiniment supérieure par rapport aux Germains, race spirituellement inférieure.

Il m'a été donné très souvent de rencontrer, soit dans des ambulances, soit dans des convois de blessés, des soldats français mélangés avec des soldats allemands, et la différence était frappante. Quel abîme entre les têtes rondes des seconds, entre leur front fuyant, leur regard louche et rusé, leur mâchoire de fauve, leur expression sournoise en même temps que féroce et la figure ouverte, le clair regard, le spirituel pétillement des yeux des premiers! Les uns étaient la personnification de la bestialité, les autres de dieux, de dieux tombés si l'on veut, mais venant directement de l'Olympe.

Le seul avantage des Allemands est leur « caporalisme », leur aptitude spéciale pour manier le knout, chose excellente dans un bagne, mais secondaire dans une société d'hommes libres.

Mella pourra s'offusquer autant qu'il le voudra. Je penserai toujours, malgré son avis, que dans une seule page de lui il y a plus de lumière que dans une centaine d'indigestes volumes de n'importe quel « Herr Doctor » des universités teutoniques.

Si, d'autre part, nous quittons le domaine de l'intelligence pour considérer la manière de comprendre la dignité humaine, nous constaterons qu'il n'y a pas dans toute l'armée française un seul soldat qui consentirait à se laisser enchaîner à un canon ou à une mitrailleuse, comme les nègres de Miramamolin. Il se brûlerait plutôt la cervelle après avoir tué son chef.

Seuls, ceux qui se sentent une âme d'eunuques seront capables de crier en s'infligeant la plus grave des injures : l'Allemagne par-dessus tout!

Moi, qui ne me regarde pas comme un émasculé, je crierai à mon tour avec toute la force de mes poumons : « Ce n'est pas vrai! Au-dessus de l'Allemagne, il y a l'Espagne, il y a la Justice, il y a le Droit, il y a la Vérité, il y a Dieu! »

Il n'y a que des eunuques qui osent placer tous ces trésors au-dessous de l'Allemagne ainsi que le prouve un fait inouï, scandaleux : il y a eu des journaux carlo-luthériens qui ont blâmé le gouvernement espagnol parce qu'il avait exigé des indemnités et des excuses de l'Allemagne à cause de nos bateaux coulés par elle.

Aux yeux de ces renégats, l'Allemagne est au-dessus de la vie de nos propres frères.

Périssent assassinés les enfants de notre terre plutôt que de causer à l'empereur Guillaume le plus petit désagrément.

Le « Matonismo » (1)

Pour adoucir un peu l'amertume du précédent chapitre, il faut remarquer que ce servile assentiment à l'humiliation n'est pas aussi général parmi nous qu'on pourrait le croire par les apparences.

Je ne nie pas que cet état d'esprit ne soit partagé par la majorité, mais j'affirme qu'il y a un certain nombre de carlistes nullement méprisables, qui n'ont pas perdu jusqu'à ce point la tête ni les sentiments de la dignité. Je laisse de

(1) Le *Matonismo*, mot impossible à traduire. Les « matones » sont en Espagne l'équivalent des *bravi* italiens, ceux qui tiennent le haut du pavé et brutalisent les passants qui ne se rangent pas assez vite devant eux.

côté de véritables autorités comme Valle Inclan, Valbuena, le docteur Corral, Severino Aznar, Minguijón et d'autres qui ont publiquement déclaré ne pas vouloir être classés parmi les germanophiles dévergondés.

En dehors de ceux-là, je possède aussi plusieurs lettres de différentes régions espagnoles écrites par des carlistes éminents déplorant le *delirium tremens* de la majorité de leurs coreligionnaires et me priant de réagir contre cette honte.

« Ne croyez pas, m'écrit-on, que nous soyons en si petit nombre. Mais les fous crient tandis que les sages nous nous taisons et on n'entend d'autres voix que celles des premiers. Nous nous taisons par propreté morale, par horreur des invectives, par dégoût des vilains mots. Vous qui habitez si loin de cette atmosphère surchauffée, vous ne pouvez pas vous faire une idée de l'exaltation des esprits, surtout parmi les éléments jeunes plus accessibles aux suggestions du journal. Si nous acceptions la discussion, on ne tarderait pas à nous montrer du doigt comme des apostats achetés par la franc-maçonnerie et nous serions les victimes de ce puissant « matonismo » déchaîné parmi les nôtres et qui n'admet pas la plus petite contradiction. La consigne universelle est : tout le monde par terre ! C'est-à-dire par terre tous ceux qui ne reconnaissent pas la suprématie allemande, qui ne brûlent pas d'encens devant le Kaiser, l'oint du Seigneur. Vous nous répondrez que c'est de la folie pure, et vous aurez raison. Mais il s'agit d'un fait devant lequel nous baissons la tête, soucieux de ne pas troubler la paix de nos foyers et n'ayant pas la vocation du martyre. »

Voici le fond des lettres que je reçois. Parmi celles-ci, j'en garde à part, avec tous les égards qu'elle mérite, une, exceptionnelle, qui me fut adressée il y a déjà plus d'une année, presque au commencement de la guerre, par une haute personnalité carliste.

Je ne trahirai pas son auteur. Je dois respecter son incognito pour correspondre à la preuve de confiance qu'il me donne et à notre mutuelle affection, mais en taisant son nom, je ne vois pas d'inconvénient à rendre publique sa lettre.

« Vous m'avez convaincu, m'écrivait-il, ou, pour mieux dire, vous avez fini de me convaincre.

« Dès le moment que je reçus l'ordre de faire une politique rageusement allemande, de combattre impitoyablement les alliés, j'ai eu de graves crises de conscience comprenant l'épouvantable responsabilité que je contractais par le fait de favoriser le triomphe de l'idée protestante allemande dans le monde. Vos irréfutables arguments ont fini par déchirer les derniers voiles qui me masquaient la lumière. Vous avez raison en tout, et en tout je partage vos idées. Ce que vous me faites remarquer est l'évidence même. Tous les chef des nations belligérantes sont indifférents ou hostiles à la cause carliste et à son auguste chef, excepté l'héroïque Albert de Belgique et l'empereur de Russie. Voilà les deux seuls souverains de l'Europe amis personnels de Don Jaime, les seuls qui savent ce qu'il représente, les seuls qui lui ont montré toujours des sympathies, les seuls qui seraient disposés à venir en son aide si Dieu leur accordait un rôle prépondérant dans le monde.

« Cette considération d'ordre purement personnel mérite d'être retenue, surtout sachant comme nous le savons le dédain avec lequel les empires centraux nous regarderaient s'ils étaient favorisés par la victoire.

« A côté de cette perspective, il y a la raison suprême de la menace terrible que serait pour l'Eglise catholique le fait qu'un luthérien enragé, tel que le Kaiser, devînt le dictateur du monde.

« En vue de tout cela, je me range à votre opinion et je regarde comme une faute sur le terrain religieux, patriotique et carliste, l'attitude funeste qui nous est imposée par nos dirigeants.

« Ne vous scandalisez pas pourtant si vous voyez que je continue malgré tout à défendre en public cette politique insensée que je réprouve de tout mon cœur.

« En voici la raison :

« L'exaltation de nos masses est arrivée à un degré inouï. La brutalité germanique s'est infiltrée parmi nous et les carlistes ferment les oreilles à la voix de la raison et n'obéissent qu'aux passions les plus frénétiques.

« Etant donnée ma position dans le parti carliste, si je me révolte contre la direction centrale, il en résultera une scission qui briserait l'unité de notre communion.

« Le courage me manque pour prendre la responsabilité d'une démarche dont les conséquences pourraient être très graves plutôt que pour ma chétive personne, pour notre cause.

« Je continuerai donc à obéir, par discipline, tout en faisant des vœux pour que les yeux fermés s'ouvrent.

« Dieu veuille presser le jour où vos idées, les seules salutaires et justes, s'imposent à tous.

« J'espère qu'il ne tardera pas et que nous y arriverons sans renoncer à l'immense bienfait de notre unité. »

Je ne comprends que trop la triste situation de mes estimables correspondants et je m'explique leur attitude, sauf en ce qui a rapport à la peur du « matonismo ». C'est une peur puérile et indigne d'âmes généreuses.

Les menaces et les calomnies ne doivent jamais avoir prise sur des esprits honnêtes. Leur seul effet doit être de pousser à la résistance, parce qu'elles ne méritent pas la crainte, mais le mépris.

J'ai lu dans la presse carlo-luthérienne nombre d'articles dont le texte suggérait l'idée qu'ils ne pouvaient qu'être payés par les fonds des reptiles. Pourtant j'ai rejeté bien loin de moi cette basse pensée.

Celui qui accuse sans aucune preuve de vénalité un coreligionnaire prouve une seule chose: qu'il serait capable de trahir pour de l'argent et qu'il mesure les autres à sa taille, étant venu au monde avec une âme de vendu.

Pour réhabiliter la Compagnie

Triste situation est celle des hommes qui, comme moi, professent une spéciale vénération pour la soutane de saint Ignace qu'ils respectent autant que la pourpre cardinalice.

Tous nos amis d'Espagne qui nous écrivent ou nous rendent visite assurent, les uns avec une joie débordante, les autres avec un visible chagrin, que l'appui le plus solide de la cause allemande chez nous est la Compagnie de Jésus.

« Les jésuites et Mella, disent-ils tous, ont déclanché le mouvement contre les alliés et ont poussé les masses carlistes dans cette direction. Il n'y a pas un seul jésuite espagnol qui ne soit germanolâtre. »

Je le nie absolument, et je le nie avec autant d'indignation que d'énergie. Je vais plus loin encore, beaucoup plus loin. Je mets au défi qui que ce soit de me citer un seul jésuite espagnol ami de l'Allemagne et qui ose l'avouer sous sa signature.

Parmi les grandes qualités qui honorent la glorieuse

milice ignacienne, il y en a une qui domine toutes les autres : son esprit de corps.

Après les offenses à l'Eglise, ce qu'un jésuite oublie le moins et pardonne le plus difficilement, ce sont les offenses à son institut.

Prenant ce point de départ, si on me montrait un jésuite capable d'oublier cette noble tradition et de travailler contre les alliés et en faveur de l'Allemagne, je me permettrais, avec tous les égards dus, de lui demander ce que serait la Compagnie sans le recrutement français et à quel état elle se verrait réduite : à l'état squelettique.

Et tout de suite, avec les mêmes égards, je lui adresserais la prière de faire un tour du côté de la Grande-Bretagne et d'y visiter Beaumont College et Stonyhourst, pour voir de quelle manière les Anglais — le gouvernement et la nation — se conduisent avec leurs jésuites, et un autre tour vers Conterbery, Hastings et l'île de Jersey, pour se rendre compte de l'accueil qu'ils font aux jésuites expulsés d'autres pays.

A ces excursions pourrait s'ajouter un petit voyago d'agrément aux colonies britanniques pour connaître les établissements de jésuites que j'ai vu de mes yeux, missions, écoles, collèges, des universités immenses telles que celle de Bombay, soutenues par la patrie de Henri VIII, en réparation, pourrait-on dire, des crimes perpétrés par ce monstre couronné.

Le résultat de tous ces déplacements serait que le bon jésuite rentrerait dans sa résidence émerveillé de la somme considérable de millions dépensés par l'Angleterre au profit des jésuites, de la protection qu'elle leur accorde, du respect avec lequel elle les traite. Et, quels que fussent ses préjugés antérieurs, il serait forcé d'avouer cette vérité indiscutable à la date d'aujourd'hui, que dans le pays de l'anglicanisme un jésuite est une autorité sociale.

Pour qu'il puisse juger du contraste, je conduirais après

mon jésuite germanophile jusqu'à la frontière allemande, mais sans la franchir, parce que s'il commettait cette imprudence, il risquerait le bagne.

En effet, dans le pays des boches, jésuite et criminel sont synonymes, et celui qui foule le sol allemand est traité en délinquant de droit commun.

Les scélérates lois de mai inventées par Bismarck ont été dérogées petit à petit, sauf dans ce qui a rapport à la Compagnie. Sur ce point elles sont en pleine vigueur.

C'est en vain que les catholiques ont multiplié leurs réclamations. C'est en vain que le Centre du Reichstag a fait des efforts inouïs arrivant jusqu'à des capitulations honteuses (par exemple celle de renoncer à son caractère confessionnel pour ouvrir ses rangs aux protestants) avec l'espoir d'attendrir l'empereur. Tout s'est brisé contre la volonté inflexible et la haine satanique du Kaiser.

Lui, et lui seul personnellement, parfois en se mettant même en contradiction avec ses ministres, s'oppose à la dérogation et exige qu'on applique aux jésuites toutes les sévérités des lois infâmes.

L'empereur Guillaume n'oublie pas que les disciples de saint Ignace sont le rempart le plus fort de la « superstition romaine » dont l'extermination, selon ses propres paroles, a été « le but principal de sa vie ».

La même haine avait été soufflée par l'enfer dans l'âme de sa grand-mère la reine Victoria, qui ne s'est jamais convertie au catholicisme malgré une stupide légende. Loin de cela, elle a détesté de toute son âme notre religion jusqu'à son dernier soupir parce qu'elle appartenait à la basse église, la branche la plus antipapiste de l'anglicanisme.

Malgré cela, il y a une trentaine d'années, ses ministres responsables, cédant à la pression de l'opinion publique, ont forcé la vieille souveraine à baisser la tête et à frapper à la porte (j'ai eu le bonheur d'être témoin du fait) de Beaumont-College, dont les jardins touchent le parc du château de Windsor, pour saluer en voisine les jésuites et les *remercier* de tout le bien qu'ils faisaient à son pays.

Cette démarche, qui mettait pour la première fois depuis la Réforme un souverain anglais à la porte d'une résidence de jésuites, dut coûter énormément à la vieille fanatique, et ne saurait être renouvelée par son petit-fils. Plutôt que d'y consentir, il se laisserait couper une main, même la main normale et pas l'ankylosée.

Eu égard à ces antécédents, qui sont de notoriété publique, peut-on concevoir qu'un jésuite soit défenseur de l'Allemagne ?

La réponse doit être négative de toute évidence. S'il existait un être pareil, il faudrait le considérer comme un phénomène, comme une espèce de déserteur de son drapeau.

Et si, prenant une pareille attitude, qu'il serait licite de qualifier de suicide, il reniait son patriarche saint Ignace devant les hommes, son patriarche saint Ignace le renierait devant Dieu.

L'Angleterre et ces messieurs d'en face

Voici les deux principaux arguments, les seuls formulés victorieusement, à leur avis, par les catholiques germanophiles espagnols : il n'est pas permis à un catholique espagnol de faire des vœux pour les alliés, parce que parmi ceux-ci figure l'Angleterre, notre ennemie traditionnelle, et parce qu'ils sont appuyés par les sympathies des radicaux et des démagogues de tout l'univers.

Procédons par ordre et commençons par l'Angleterre, transportant la question du domaine politique sur le terrain privé pour plus de clarté.

Il y a par le monde un bandit qui a tué mon père et ma mère, qui a volé mon patrimoine et qui a été la cause de ma ruine. Ce sont les crimes de l'Angleterre vis-à-vis de l'Espagne.

Accordé.

Un jour, le feu prend dans ma maison. Il y a dedans le seul trésor qui me reste au monde : mes enfants. Ce bandit, non pas pour des motifs généreux qu'il ignore, mais pour des raisons d'intérêt, pour sauver quelque chose qu'il risque de perdre aussi dans l'incendie, pénètre au milieu des flammes, dispute mes enfants à la mort au risque de sa propre vie, et, encourant les plus grands dangers, sauve mon trésor et me rend mes enfants que sans lui j'aurais perdus.

Dans ce moment tragique, puis-je me rappeler hier ni penser à demain ?

En aucune façon.

Toute mon âme, toutes mes pensées sont concentrées sur le danger présent, et j'accueille le malfaiteur comme un sauveur providentiel en me réservant de régler avec lui mes comptes arriérés, plus tard, quand l'incendie sera éteint.

Tel est le cas de l'Angleterre.

D'ailleurs, si j'ignore quelle porte peut nous permettre d'entrer à Gibraltar, je connais très bien le verrou capable de nous fermer à jamais l'accès de cette chambre de notre maison. Ce verrou, c'est la politique que nous suivons à présent, la politique d'aboyer à la lune comme de petits roquets, de pleurnicher comme des enfants et de crier comme des femmes au lieu d'agir en hommes.

Je ne nie pas qu'aujourd'hui tout Espagnol soucieux des intérêts de son pays doive prêcher la neutralité.

C'est le devoir d'aujourd'hui, mais la situation n'a pas été toujours la même.

Il y a une année, quand le conflit a éclaté, il aurait été plus patriotique et plus rationnel d'adopter l'attitude contraire et de tirer, par une action foudroyante, tout le parti possible de l'occasion que la fortune nous offrait.

Si Charles VII avait occupé le trône d'Espagne le 1er août 1914, moi qui connaissais plus que personne la profondeur de cet esprit ignoré du vulgaire, je n'ai pas un doute sur la politique qu'il aurait adoptée.

Avec la loyauté qui le caractérisait, franchement, ouvertement, il serait entré dans la partie jetant ses cartes sur la table et montrant tout son jeu :

« Je suis de cœur, et pour mille raisons complexes, aurait-il dit, enthousiaste ami de la France. Pendant la guerre de 1870, je me suis offert à Napoléon III, mon persécuteur, comme soldat volontaire contre l'Allemagne. Mes sentiments n'ont pas changé, mais aujourd'hui je vois à côté de la France l'Angleterre, notre ennemie séculaire, qui perpétue sur notre sol l'affront de Gibraltar. Le sentiment national est antianglais, et moi je m'identifie avec le sentiment national. L'Angleterre serait-elle disposée à effacer cette tare de Gibraltar, tare encore plus déshonorante pour elle que pour nous, en ôtant son drapeau de cette place qui, d'ailleurs, avec les progrès de la balistique, serait pour elle de bien peu d'utilité le jour où nous compterions de fortes alliances? Si elle est prête à accomplir cet acte de justice, mon peuple consentirait à s'amadouer et je recouvrerais ma liberté d'action. L'Espagne ne mettrait pas ses armées à côté de celles des alliés, mais elle adopterait une attitude qu'on pourrait appeler de belligérance passive, hautement favorable à ces derniers. Il ne faudrait compter ni avec nos finances, ni avec nos soldats, mais on pourrait disposer librement de notre territoire et profiter de notre situation géographique.

« Qu'on utilise nos côtes et nos ports, qu'on fasse des installations navales à Mahon, Cartagène, partout où l'on voudra. Si la voie de terre paraît préférable à celle de mer, qu'on l'utilise pour les transports militaires du Maroc. Excepté pour nous demander notre or ou notre sang, pour tout le reste on peut nous regarder comme les amis les plus sûrs et les plus dévoués.

« Ma proposition est refusée ? Alors, je ne romprai pas la neutralité non plus, mais je serai forcé, pour satisfaire les aspirations de mon peuple, d'envoyer aux Pyrénées 200.000 hommes qui retiendront sur la frontière huit ou dix corps d'armée français indispensables pour couvrir Paris.

« A vous de choisir. »

Cette proposition, formulée dans les tristes journées de Liége, de Namur et de Charleroi, avait mille probabilités contre une d'être acceptée.

Et, dans ce cas, sans le plus petit sacrifice matériel, et avec grand profit matériel et moral, nous aurions obtenu pleine satisfaction.

Voilà quelque chose de bien plus pratique que le procédé actuel qui consiste à essayer de faire peur avec des bravades à l'Angleterre, laquelle s'en moque, sachant parfaitement que nos grotesques menaces ne peuvent avoir aucune sanction effective.

Une fois réfuté le sophisme de l'Angleterre, passons au second sophisme : le francophilisme des gauches.

Si on peut appeler cela un argument, il ne sera en tout cas qu'un argument négatif, ainsi que le précédent, et les arguments négatifs ne peuvent être acceptés en bonne logique que subsidiairement, faute d'autres plus sérieux.

Dire qu'il faut combattre les alliés parce qu'ils ont les

sympathies des radicaux équivaut au plus honteux aveu d'inaptitude intellectuelle.

Ceux qui emploient ce raisonnement (et ils sont l'immense majorité des catholiques qui n'en connaissent pas d'autres) reconnaissent implicitement qu'ils sont incapables par leurs propres lumières de distinguer le bien du mal, la justice de l'injustice, et qu'il leur faut recourir au prochain pour avoir la solution du problème. Ils ont besoin d'un chien pour lever le gibier parce qu'ils n'ont pas de flair.

Il n'y a rien de plus pénible que d'entendre un homme si sensé, si bien doué, si sérieux que mon illustre ami don Manuel Polo y Peyrolón, dire et redire sans relâche dans ses articles germanophiles, comme *seul* argument pour se justifier, qu'il a le devoir de penser et de sentir ainsi parce que les messieurs d'en face pensent tout l'opposé.

J'admire beaucoup l'humilité, l'une des plus belles et des moins pratiquées parmi les vertus chrétiennes, mais il ne faut pas la pousser jusqu'au point d'oublier la dignité personnelle.

Croyez-vous, mon cher don Manuel, que le comte de Romanones et tous les messieurs d'en face ont un jugement plus lucide que le vôtre?

Si vous le croyez, vous vous trompez, mon ami, et je vous connais mieux que vous-même en vous attribuant une valeur plus haute.

Suivant cette règle si étroite, si petite, si dégradante, le jour où la plupart des messieurs d'en face viendraient à se taire pour ne laisser entendre d'autre voix que celle de Pio Baroja se proclamant partisan de l'Allemagne, parce que le triomphe de celle-ci signalerait l'écrasement de l'idée catholique, ce jour-là, sans avoir changé les termes du problème, en quoi que ce soit, vous seriez obligé, par la force de la logique, à modifier votre opinion et à vous déclarer anti-allemand.

Moi je suis moins ductile, plus fier, peut-être parce que

je ne vaux pas autant que vous, et quand j'entends tous ces messieurs d'en face appeler le Kaiser le fléau du genre humain, j'étudie les faits, je consulte ma raison, et, au lieu de les contredire, je conclus : tout le monde le reconnaît, *même ces messieurs d'en face.*

L'homme et la Machine

Toutes les raisons morales sont, dans le conflit actuel, contre l'Allemagne.

Son agression injuste et perfide, ses procédés barbares, son mépris de la parole engagée et des contrats les plus sacrés, sa violation de tous les principes du droit des gens et du droit naturel, tout concourt à rendre odieuse sa cause, tout oblige à regarder avec sympathie celle des alliés qui ont de leur côté le droit et la justice.

Mais il convient d'ajouter aux raisons morales d'autres non moins importantes quoique d'un ordre secondaire, les raisons utilitaires.

Utilitairement il faut combattre l'Allemagne, d'abord parce que son triomphe signifierait l'éclipse totale de la liberté dans le monde et la suppression de toutes les petites nationalités, et ensuite parce qu'il faudrait avoir l'instinct du suicide pour attacher ses destinées à celle d'un cadavre. Et l'empire allemand n'est plus qu'un cadavre. Il reste debout par la force de la gravité étant donné le poids énorme de sa masse, mais il est mort et bien mort. Le miracle de la Marne l'a tué.

Humainement parlant, les Allemands avaient gagné la guerre avant de l'entreprendre.

Leur longue et méthodique préparation ne laissait pas lieu à la plus lointaine possibilité d'un échec.

Si la Providence n'existait pas, les barbares seraient entrés à Paris infailliblement la première semaine de septembre 1914 et ils auraient imposé la paix à la France dans les derniers jours du même mois. Leurs probabilités de victoire étaient dans la proportion au moins de mille contre un.

L'écroulement de projets tellement indéfectibles au point de vue humain est la preuve la plus grande et la plus évidente que je trouve à travers tous les siècles du providentialisme dans l'histoire.

A présent, ayant manqué le premier coup, les termes du problème ont été complètement invertis. Les bienfaits immenses, incalculables d'une avance de presque un demi-siècle ont disparu, et les alliés ont reconquis tout le terrain perdu depuis un si long laps de temps.

Aujourd'hui la lutte est engagée entre la force brutale, aveugle et la force spirituelle, entre la machine et l'homme.

Lequel de ces deux éléments de combat est supérieur à l'autre ?

La machine, tant qu'elle reste intacte, sans avoir usé encore ses rouages. L'homme, si la machine commence à se détraquer et si elle a perdu quelques-unes de ses pièces essentielles.

L'organisation allemande est infiniment supérieure à la française. La matière première, le soldat, est infiniment supérieur en France.

La machine allemande a perdu ses éléments les plus importants. Le quatre-vingt-dix pour cent de son incomparable corps d'officiers a disparu pour être remplacé par des officiers improvisés sans ascendant et sans autorité. La Garde Impériale a été engloutie tout entière sur les bords de la Marne, dans le fond de l'Yser et dans les vallées de la Champagne. Celle qui l'a remplacée n'a de la Garde que le nom et l'uniforme, mais non pas le prestige ni l'instruction.

L'officier allemand ne s'improvise pas, le français, oui, et à merveille.

Entre deux vieux officiers de carrière, l'un allemand et l'autre français, le premier est supérieur au second. Entre un avocat, un médecin, un ingénieur, un prêtre français, promu officier après une préparation sommaire de deux ou trois mois et un allemand dans les mêmes conditions, le français a un immense avantage sur l'allemand.

Dans les régiments allemands les officiers sont tout, et on peut les considérer comme irremplaçables. Si un bataillon perd toute son officialité, il se rend.

Si un régiment français se trouve dans le même cas, immédiatement sort du rang un respectable notaire de province, un humble curé de village, un gamin de Belleville ou de Montmartre, qui se place à la tête des soldats et qui les conduit au combat et à la victoire, avec le même aplomb et le même entrain qu'un vieux colonel.

Etant données ces conditions, aujourd'hui cette vérité axiomatique et incontestable, même par les plus fanatiques francophobes, devient plus évidente que jamais; parce qu'elle est prouvée par toutes les pages de l'histoire : à égalité de contingents, les Français battront toujours les Allemands.

Jamais, depuis que les deux peuples existent, jamais les Allemands n'ont pu tenir tête aux Français à forces égales. Ils les ont toujours vaincus par la supériorité irrésistible du nombre.

A la Marne il y avait presque deux millions d'Allemands contre un peu moins d'un million et demi de Français, et cette disproportion n'a pas pu épargner la défaite aux premiers.

Pas n'est besoin de remonter à l'époque Napoléonienne, pendant laquelle le capitaine du siècle a tant de fois taillé en pièces les Allemands avec le tiers ou le quart de leurs forces.

En descendant à nos temps contemporains, nous constatons que même pendant la malheureuse guerre de 1870, les envahisseurs n'ont pu s'imposer aux Français qu'en les écrasant sous le poids du nombre. Quand deux ou trois fois les contingents ont été équilibrés, l'avantage est resté aux Français.

Qu'arrivera-t-il à présent quand le moral de l'armée ennemie est par terre et celui de ses adversaires est monté aux nues ?

Pendant le premier mois de la guerre la masse allemande était comme nombre très au-dessus de la française. Aujourd'hui toutes les deux tendent à rester au même niveau. Quand elles seront tout à fait égales, quand cent mille Français ne trouveront devant eux que cent mille Allemands en pleine campagne, en bataille de manœuvres et pas de taupinières, la victoire sera un jeu pour les Français et la guerre finira par l'anéantissement des barbares.

Je ne sais pas si Joffre est un grand général, mais je suis sûr qu'il est un grand, un très grand honnête homme.

Il l'a prouvé d'abord en ne se salissant jamais avec des mensonges, et en rédigeant ses incomparables, ses véridiques, ses sobres et modestes communiqués où il n'a jamais masqué un revers ni exagéré un avantage. Ces communiqués qui font tant rire les malins de la presse carlo-luthérienne, lesquels brodent dessus des commentaires sans fin, chargés de sel... de cuisine.

Joffre prouve en second lieu ses solides qualités en soignant ses soldats comme s'ils étaient ses propres enfants, épargnant leur sang, renonçant à de brillantes victoires capables d'immortaliser son nom et qui sont déjà à la portée de sa main, dépendant de sa seule volonté, mais qui coûteraient un énorme tribut de vies humaines.

Il y a déjà quelques mois qu'il fit savoir au gouvernement qu'il était en mesure de nettoyer en quinze jours le sol français d'étrangers, à la condition de sacrifier trois cent mille hommes, mais que son cœur se refusait à porter le deuil dans tant de foyers français.

Ses honorables scrupules prolongeront la guerre, mais comme les Allemands suivent le système opposé et qu'ils envoient leurs troupes à l'abattoir en masses compactes, l'équilibre ne tardera pas à s'établir et les héritiers des Vandales ne pourront pas survivre à l'usure de leur personnel.

D'autant plus qu'à cette usure d'hommes il faut ajouter une autre non moins importante, l'usure financière, laquelle doit être étudiée avec une attention toute spéciale par l'influence décisive qu'elle exercera sur la fin de la guerre.

Les deux bonbonnières

Un monsieur entre un matin chez un bijoutier, et, après avoir marchandé longtemps deux bonbonnières estimées, l'une cent francs et l'autre deux cents, finit par choisir la première, la paye, l'empoche et s'en va.

L'après-midi, il revient et il dit au marchand :

— Vous vous rappellerez sans doute que je vous ai acheté ce matin cette bonbonnière, non sans avoir hésité entre celle-ci et une autre de 200 francs. Après réflexion, je préfère l'autre. Vous voulez bien me permettre de la changer ?

— Il n'y a aucun inconvénient, répond le bijoutier.

— Eh bien, reprend l'acheteur prenant l'objet, ce matin je vous ai donné 100 francs en or. En y ajoutant cette autre bonbonnière estimée par vous au même prix, nous sommes quittes.

Il salue poliment et se sauve sans laisser au négociant le temps de se remettre et de s'apercevoir qu'il a été la dupe d'un escroc, et qu'au fond il n'a touché que la moitié du prix.

Voilà exactement la comédie qui se joue dans le trésor allemand, comédie que le journal de plus grand tirage de la Hollande, le *Telegraaf* d'Amsterdam, traduit graphiquement dans une caricature devenue populaire dans les Pays-Bas.

Elle représente Michel, nom vulgaire du paysan allemand, se grattant d'une main la tête et pressant dans l'autre un papier couvert de chiffres.

Le bonhomme dit :

« Oh! ma tête, ma tête! Pour le premier emprunt, j'ai donné au gouvernement 100 marks et on m'a donné ce papier. Pour le second emprunt, on m'a repris le papier en m'en donnant un second. Pour le troisième, on m'a enlevé encore le second papier pour m'en donner un troisième, et je ne fais que me demander : Est-ce moi qui ai gagné 300 marks? Est-ce le gouvernement? Ou nous n'avons rien gagné ni lui, ni moi? Oh! ma tête, ma tête! Qui veut bien faire l'œuvre de charité de me déchiffrer cette charade? »

Telle est la situation financière en Allemagne exposée avec une parfaite clarté. On n'y fait que changer des chiffons de papier tout le temps, mais, au fond, le bijoutier, dans l'espèce l'Etat, n'a perçu et ne percevra jamais que les 100 marks de la première bonbonnière. Tous les autres sont des fantasmagories incapables de faire illusion à personne, sauf aux crétins carlo-luthériens qui s'extasient devant la puissance financière allemande et qui se moquent — il faut voir avec quel atticisme! — des difficultés de ces malheureux Français et de ces mendiants d'Anglais, pauvres à demander l'aumône.

En France, pourtant, les emprunts se couvrent en espèces sonnantes avec autant de rapidité que de ponctualité. On en émet un autre aux Etats-Unis et, alors qu'on ne demande que 500 millions de dollars, le public américain apporte en vingt-quatre heures plus de 800 millions. Telle est la solidité du crédit français.

En Angleterre, dans cinq minutes, on double les impôts avec l'assentiment unanime du pays, et, dans un quart d'heure, le Parlement approuve à l'unanimité, et sans débat, le fabuleux budget, jamais rêvé dans l'histoire, de 44.000 millions de francs.

Et l'élasticité économique des deux pays est si grande que personne ne se ressent, et l'Etat moins encore que personne, de ces efforts titaniques.

Quels monuments d'honnêteté, de sincérité, de droiture, que les exposés de la situation financière faits au Parlement par M. Ribot! Quel contraste entre cette clarté vraiment latine (soit dit sans offense des carlo-luthériens), cette cristalline transparence d'eau de roche, cette intégrité et les farces ridicules, les boniments de charlatan de foire auxquels se livrent les ministres prussiens!

La gravité de la situation ne peut pas s'apercevoir encore dans toute son horreur, quoique cela frise le paradoxe, parce que le sévère blocus imposé à l'Allemagne par l'invincible escadre anglaise, blocus qui fait tant rire les carlo-luthériens — et moi bien plus encore — empêchent les achats à l'étranger et forcent les Allemands à vivre de leur propre substance. Par cette raison, on est obligé, à l'intérieur de l'empire, d'accepter tous les papiers comme de la monnaie courante.

Mais le jour où ils auront besoin de sortir de leurs frontières et de recourir à l'étranger, quand leurs subsistances seront totalement épuisées, nous verrons s'ils trouvent quelqu'un parmi les individus et parmi les nations, disposé à accepter tous ces sales chiffons, même au poids !

N. B. — Le jour où j'écris ces lignes, la rente française se cote dans les Bourses de New-York et d'Amsterdam à 69. La rente prussienne à 48 et demi.

La flotte fantôme

On doit à Richard Wagner le Vaisseau Fantôme. Sans doute, pour continuer, en l'amplifiant, la tradition wagnérienne, les compatriotes du maître n'ont pas voulu se borner à un seul vaisseau, et ils nous offrent le spectacle de la flotte fantôme.

Dieu soit béni et quel bruit épouvantable ont fait ces incomparables cultivateurs de réclame avec leur merveilleuse escadre, la seconde du monde et près, très près d'être la première !

Qu'est-elle devenue ? Qui l'a vue ou a entendu parler d'elle ?

Personne. On sait seulement, ou on soupçonne, qu'elle est embusquée à Kiel, embouteillée volontairement, suant la peur et se recommandant à l'ami Luther chaque fois qu'un orage éclate, parce que le bruit du tonnerre rappelle les canons anglais, et alors tout le monde claque des dents.

Deux honteuses sorties partielles ont été essayées. Une fois elle a envoyé quatre croiseurs cuirassés, avec une puissante escorte de torpilleurs et de contre-torpilleurs auxiliaires, pour bombarder lâchement, selon l'habitude, les côtes anglaises ouvertes et assassiner des femmes et des enfants sur une tranquille plage de famille.

Elle aperçut en route une autre escadre anglaise, presque égale en nombre puisqu'elle ne comptait qu'une unité de plus, et prise de panique et forçant les chaudières, elle se sauva à toute vapeur refusant le combat et perdant dans la fuite ignominieuse deux beaux bateaux... et l'honneur par-dessus le marché.

Le second essai eut lieu contre Riga.

Là, quatre vieilles carcasses russes pouvant difficilement se tenir à flot dispersèrent et mirent en fuite leurs plus puissants cuirassés.

Ces prouesses et les crimes des sous-marins, voilà tout l'actif de la flotte fantôme.

Telle est pourtant la puissance du bluff, que tout le monde, et moi le premier, nous nous attendions au commencement des opérations à une intervention peut-être décisive de cette imposante machine de guerre.

J'ai craint pendant plusieurs mois (à présent je suis complètement rassuré) un second Lissa.

Il y a aujourd'hui exactement un demi-siècle que l'héroïque escadre autrichienne incomparablement plus faible que l'italienne, avec une demi-douzaine de bateaux en bois attaqua et coula ou dispersa les géants cuirassés de la seconde, alors les premiers du monde, et que par leur supériorité numérique on était en droit de croire invincibles.

On pouvait prévoir quelque chose d'approchant aujourd'hui, d'autant plus que les Allemands n'avaient pas besoin de vaincre. Il leur aurait suffi d'affaiblir sérieusement l'ennemi.

Même en sacrifiant toute leur flotte, pour le profit qu'ils en tirent, ils ne perdaient pas grand chose ! ils auraient atteint leur but en se battant avec le courage du désespoir ainsi qu'ils font sur terre, s'ils avaient coulé le tiers ou la moitié de l'autre escadre. Le coup aurait été mortel pour l'Angleterre, qui a besoin d'un immense matériel naval pour vivre surtout en temps de guerre.

On dira que cela aurait été aller au devant du suicide, si l'on tient compte de l'inégalité des forces.

L'excuse n'est pas valable. Cette inégalité, en admettant qu'elle existe, doit être à présent insignifiante.

Les escadres de l'Angleterre sont éparpillées par toutes les mers. Il y en a une au Pacifique, une autre en Extrême-Orient, une autre dans les mers australes, une autre aux Dardanelles, une autre dans la Manche, une autre aux Indes, et d'autres et d'autres encore escortant les transports de troupes, on pourrait dire de pôle à pôle.

De deux choses l'une : ou les Allemands mentaient plus effrontément encore que d'habitude quand ils se vantaient, à la veille de la guerre, de posséder une force navale presque équivalente à celle de l'Angleterre, ou, s'ils disaient vrai, après cette dispersion des marins britanniques aux quatre points cardinaux, l'égalité de forces sur le théâtre de la guerre doit être établi, et même il ne serait pas téméraire de supposer que le plateau de la balance penche plutôt en faveur de l'Allemagne dont toutes les forces sont concentrées sur un seul point.

Si elle ne se bat pas sur la mer, c'est parce qu'elle est intimidée par le prestige anglais, parce qu'elle a peur, une peur insurmontable, la peur du lièvre pour le chien ou de la souris pour le chat.

C'est un fait tellement évident qu'on ne conçoit pas, quand la guerre sera finie, une position sociale plus piteuse que celle des marins du Kaiser. Ils n'oseront pas se montrer dans la rue en uniforme par crainte d'être hués et de s'entendre dire : « Ou cet homme servait sur les sous-marins et alors il est un bandit, ou il était sur un grand vaisseau et alors il est un lâche. »

Comparons cette pusillanimité qui semble grotesque avec l'olympienne assurance des marines anglaise et française, déployant fièrement le pavillon national, promenant leurs couleurs sans l'ombre d'une souillure sur toute la planète et transportant des millions et des millions d'hommes d'un bout à l'autre de la terre.

Les insensés carlo-luthériens avec l'inconscience dont ils ont le monopole, ne sont pas capables de voir le contraste entre l'impuissance boche et la domination absolue de toutes les mers par les alliés, et ils ne prisent que les prouesses des sous-marins dont le rôle est en réalité aussi brillant et aussi nuisible que celui d'une poignée de puces accrochées à la peau d'un pachyderme.

Ils ne pourront pas pourtant empêcher toute personne impartiale de tirer deux enseignements de ce spectacle.

Le premier c'est que si en Allemagne il y a des marins, les pirates des submersibles, il n'y a pas de marine à proprement parler.

Le second c'est qu'en admettant l'absurde et concédant que l'Allemagne puisse prendre Constantinople et Pétrograd, Paris et Rome, et dominer tout le continent, elle serait toujours, faute de marine, assujettie à l'Angleterre, laquelle toute seule, sans aucun auxiliaire, viendrait à bout d'elle.

Quelle ignominie morale d'ailleurs que d'entendre Albion, la perfide Albion, le peuple qui passe pour plus égoïste que tous les autres, dire à l'Allemagne avec autant de fierté que de raison : « Nos canons n'ont encore tué dans cette guerre que des belligérants, pas un seul innocent. Les vôtres ont détruit, par surprise et par trahison, des foules d'enfants, des femmes et des vieillards : nos marins, au risque de leur vie, ont sauvé celle de milliers et de milliers des vôtres. Les vôtres n'ont pas empêché la mort d'un seul des miens ! »

L'inconscience des Allemands est tellement fabuleuse qu'ils ne comprendraient pas ce langage.

Y a-t-il rien de plus inconcevable, de plus monstrueux que la dépêche du roi de Wurtemberg au maire de Stutgard à propos du bombardement, par des aéroplanes français, de cette capitale ?

Cet acte ne fut qu'un acte de justice en punition — punition mille fois méritée — des excursions aériennes des Allemands sur des villes ouvertes où il n'y avait ni une fortification ni un soldat. Les Français ne se sont décidés à exercer ces représailles qu'en vue de la réincidence des Allemands dans leurs crimes et ils ont annoncé que dorénavant, leur patience étant épuisée, ils feraient toujours de même, et que chaque fois qu'une ville ouverte française recevrait des bombes jetées par un zeppelin ou un taube, ces projectiles seraient rendus à une ville boche.

Rien de plus naturel, rien de plus conforme au droit des gens.

Et pourtant, le roitelet teutoniqne, laquais du Kaiser, pousse des cris d'orfraie et il dénonce au monde entier « cette cruauté inqualifiable et *jamais vue* ».

Où Sa Majesté Wurtembergeoise place-t-elle le sens moral et où a-t-elle les yeux ?

Il est vrai que depuis cet avertissement les incursions sur Paris ne se sont plus renouvelées.

Retournant à la flotte fantôme, un de mes amis, qui au fond penche plutôt du côté allemand, a trouvé pour l'embouteillement de Kiel une explication d'apparence humoristique mais qu'on ne doit pas rejeter absolument, vu l'esprit utilitaire et pratique des Allemands.

« L'attitude des Allemands, dit mon ami, pourrait bien obéir à un calcul très profond. Persuadés de leur inévitable défaite finale, ils n'ignorent pas que le vainqueur sera implacable, et qu'il exigera une indemnité de guerre fantastique, des centaines de milliards, telle qu'aucun pays du monde ne pourrait l'acquitter. Dans cette prévision ils gardent précieusement leur flotte intacte comme un gage pouvant demain leur servir de garantie. Ils se disent qu'en la laissant détériorer, elle perd beaucoup comme valeur vénale, tandis que si on la soigne, quand le terrible quart d'heure de Rabelais sonnera et qu'ils tourneront les yeux de tous côtés ne sachant à quel saint se vouer, ils auront le recours de parler ainsi aux alliés : « Nous n'avons pas l'argent que vous nous demandez ; voici nos vaisseaux superbes qu'on dirait sortis de l'arsenal, payez-vous avec eux. Et nous espérons bien que vous serez disposés à nous accorder une réduction de prix, eu égard aux soins extrêmes que nous leur avons donnés pour vous les remettre en parfait état, en état de neuf, sans la plus insignifiante égratignure. »

La Nausée

A regarder de près, les Allemands n'ont pas de pire ennemi qu'eux-mêmes.

Leur présomption, leur brutalité, leur mauvaise foi, leur arrogance, leur esprit de mensonge, ont fini par leur aliéner les sympathies de ceux-là même qui se montraient les plus favorables à leur cause.

J'ai déjà parlé des défections si caractéristiques de Prüm et de Kürth, ce dernier la gloire la plus incontestée de la science ecclésiastique allemande contemporaine, honoré de l'amitié intime de Léon XIII et de Pie X. Le premier l'appelait « le plus insigne historiographe de l'Eglise » et le second disait de lui qu'il méritait d'être classé parmi les Saints Pères.

L'exemple des particuliers a été imité par les nations.

Il y en avait deux parmi celles-ci qui penchaient ouvertement vers l'Allemagne l'année dernière : les Etats-Unis et la Hollande.

Dans la première, la puissante influence de vingt millions de Germains américains résidant dans le pays avait déterminé une énorme pression sur les pouvoirs publics, à commencer par Wilson, qui n'osait pas indisposer ces éléments.

Les crimes du *Lusitania* et de l'*Arabic*, les cyniques intrigues des ambassadeurs d'Allemagne et d'Autriche à Washington, les inconcevables intrusions de la diplomatie boche dans la politique intérieure des Etats-Unis, ont épuisé la patience yankee, et aujourd'hui la majorité des citoyens nord-américains fait des vœux pour les alliés et leur donne de l'argent.

De même dans la Hollande. L'attraction de l'Allemagne sur les Pays-Bas était tellement forte qu'ils étaient disposés à prendre parti pour elle, les armes à la main, lorsque la Grande-Bretagne para le coup par une manœuvre géniale, poussant le Japon à se déclarer belligérant et passant à la Cour de la Haye une communication très cordiale, qui disait : « Notre traditionnel et sincère attachement pour le peuple hollandais nous fait un devoir de porter à sa connaissance une grave menace qui pèse sur lui. Le Japon, prenant part au conflit, éprouve une forte convoitise en voyant, à portée de ses escadres, les îles de Sumatra, Bornéo et Java, incapables de lui opposer une résistance sérieuse. La Grande-Bretagne mettra en jeu toute son influence auprès de la Cour de Tokio pour obtenir qu'elle ménage cet archipel, ne doutant pas que le gouvernement des Pays-Bas, pour correspondre à cette preuve d'amitié, s'abstiendra de tout acte qui puisse être interprété comme hostile aux alliés. »

La Hollande se le tint pour dit et mit une sourdine à ses penchants germanophiles, par peur. Peu de temps après, cette attitude se précisa davantage, non seulement par crainte, mais par dégoût, se voyant offensée dans sa dignité par les pirateries des sous-marins, par les violations répétées de son territoire, par le mépris du drapeau national, par les peu voilées indications de mettre un jour la main sur les bouches de l'Escaut.

Il est arrivé à peu près la même chose avec le Danemark, avec la Suisse et avec la plupart des pays, révoltés principalement par les grossiers mensonges allemands.

C'est seulement notre malheureuse Espagne qui fait encore exception. Chez nous, les turiféraires de la presse carlo-luthérienne ont l'estomac blindé contre la nausée. Ils persistent à s'extasier devant les saletés boches qu'ils flairent avec délices, leur trouvant un parfum exquis. Ils s'obstinent à prendre comme article de foi les plus lourdes inventions des empires centraux et à chercher le côté comique dans les nouvelles des alliés, si véridiques soient-elles.

Je viens de passer des moments délicieux ces jours derniers, lisant les commentaires suggérés à cette presse abracadabrante par la dernière offensive française en Champagne et les paroles railleuses qu'elle employait pour se moquer du communiqué de Joffre.

« Donc, ils ont pris 24.000 prisonniers et 144 canons?... Allons, allons... Pour les prisonniers, nous finirons par effacer un zéro ou deux. Quant aux canons, il s'agit de savoir s'ils sont d'église. »

Quelle délectation spirituelle de lire toutes ces inepties, en même temps que par la gare prochaine du Bourget passait un train après l'autre (cinquante-trois dans une semaine) chargés de chair boche debout, spectacle que nous pouvions contempler nous tous, les habitants de Paris! Pour ce qui est des canons, j'ai compté 71 pièces, plusieurs de gros calibre, aux Invalides, ainsi que d'innombrables mitrailleuses, et j'ai lu l'affiche invitant les Parisiens à aller visiter les 78 pièces restantes au parc de Chartres (à une heure de distance) où elles étaient exposées, vu le manque de place aux Invalides.

71 et 78, ça fait 149.

Tiens! c'est vrai! Les carlo-luthériens avaient raison! Le compte n'y est pas.

Joffre (le menteur!) n'a annoncé que 144 canons, et on nous en montre 149. La différence s'explique parce qu'après avoir publié le communiqué, on avait déterré 5 canons de plus dans les tranchées conquises, et on a cru qu'il ne valait pas la peine de faire une rectification pour si peu de chose.

Eh bien! la mentalité des carlo-luthériens est à tel point drôle que je ne serais nullement surpris de leur voir faire un jour ce raisonnement: « Joffre ne mérite point de crédit, il a été pris en flagrant délit de mensonge..., ayant diminué ses avantages. »

Don Jaime

Nous voilà arrivés au point culminant de mon travail et je demande à Dieu de m'accorder la prudence dont j'ai tant besoin pour aborder ce chapitre sans perdre le sang-froid nécessaire devant les insolentes provocations de ceux qui depuis si longtemps trompent le noble peuple carliste.

« Don Jaime est germanophile. » Telle est la calomnie propagée avec une inlassable persévérance au mépris de la vérité et au détriment du prestige de l'autorité royale.

Don Jaime n'est pas germanophile. Ni francophile. Don Jaime est neutre. Même s'il ne l'est pas au fond de son cœur, il a le devoir de le paraître et de le dire.

Notre chef auguste est indiscutablement l'aîné des Bourbons, de cette illustre maison qui, grâce à un titanique travail millénaire, a construit, avec l'aide des évêques, la nationalité française « ainsi que les abeilles construisent la ruche ». Un Bourbon qui lèverait la main contre la France, commettrait un parricide. A plus forte raison le premier et le chef de tous les Bourbons.

Don Jaime possède en plus la mémoire du cœur. Il n'oublie pas, il ne peut pas oublier la dette de gratitude contractée par la communion carliste envers la France, ce peuple généreux qui, dans le cours de deux émigrations successives, celle de Charles V et celle de Charles VII, a accueilli les soldats de la légitimité espagnole en frères.

Ici, tous les partis, le bonapartiste et le républicain, comme le légitimiste, avec la seule exception des orléanistes, toujours malveillants pour nous, se disputaient comme un honneur d'héberger et de fêter les vaincus de notre cause en 1839 de même qu'en 1876.

Charles VII, expulsé par Napoléon III à la fin de son règne, fit passer son amour pour la France avant toute rancune personnelle et demanda à son persécuteur de lui donner une place de soldat dans les rangs de son armée pour défendre la terre de ses ancêtres contre l'invasion allemande.

Noblesse oblige et Don Jaime ne peut pas être germanophile.

D'un autre côté, petit-fils et frère d'archiduchesses, parent très proche (cousin germain) de l'héritière du trône des Habsbourgs qu'il a conduite à l'autel au moment de son mariage, attaché à la famille impériale par les liens les plus étroits du sang et de l'affection, don Jaime ne peut pas se déclarer francophile.

Il suffit d'énoncer ces deux impossibilités morales pour comprendre que c'est travestir les faits et manquer de respect à Don Jaime, que de le classer dans l'un ou dans l'autre des deux partis belligérants.

Mais si personne ne peut attribuer à Don Jaime des sentiments hostiles envers les uns ou envers les autres, rien par contre n'est plus facile que de prouver que les austro-allemands sont antijaimistes.

Nous commencerons par écarter avec le mépris qu'elles méritent les fables stupides mises en circulation sur l'intimité qui règne entre Don Jaime et le Kaiser, sur les voyages qu'ils ont faits ensemble, sur leurs fréquents rapports, etc., etc. Il n'y a au fond de tout cela que de grotesques inventions dues à la mauvaise foi plutôt encore qu'à la fantaisie des carlo-luthériens.

Don Jaime et le Kaiser ne se sont jamais rencontrés, ils n'ont jamais eu le moindre contact, ni directement, ni indirectement.

Je me trompe pourtant. Une fois, une seule fois, dans un fugitif moment historique, ils ont été à demi correspondance.

Le cas mérite d'être rapporté pour l'édification des carlistes de bonne foi.

A la mort de Charles VII, son auguste fils fit part à toutes les cours de l'Europe de la perte irréparable qui le frappait, et tous les souverains s'empressèrent de répondre et de lui envoyer leurs condoléances. Tous, excepté l'empereur Guillaume qui ne voulut pas recevoir la lettre. « Il n'admettait pas de correspondance avec des gens qu'il ne connaissait pas. »

Cette impardonnable goujaterie avait des précédents.

A la mort de Don Juan, père de Don Carlos, celui-ci avait aussi communiqué la douloureuse nouvelle à tous les souverains et tous avaient répondu poliment, excepté deux: le vieux Guillaume et la vieille Victoria, grand-père et grand-mère respectivement du Kaiser actuel.

Ces deux souverains ont renvoyé les lettres fermées. Je les ai reçues comme secrétaire de Charles VII.

Avec une différence. La reine d'Angleterre eut au moins la pudeur de chercher un biais, faisant savoir par son ambassadeur « qu'en sa qualité de souveraine constitutionnelle, il lui était défendu par la constitution de maintenir des rapports avec des personnages politiques étrangers si ce n'était par le canal de ses ministres responsables. »

L'excuse était bête.

Son fils était non moins souverain constitutionnel, or avant et après son accès au trône il maintint de cordiales relations tant avec Don Jaime qu'avec son auguste père, sans avoir jamais eu à demander le consentement de ses ministres pour aller les voir ou dîner avec eux.

Mais au bout du compte, l'échappatoire, quoique bête — et parce que bête — prouvait le désir de ne pas blesser brutalement l'auguste proscrit ainsi qu'ont fait les deux Hohenzollern.

Voilà *tous* les rapports qu'ont eus Don Jaime et le Kaiser.

Réfléchissez-y, braves lecteurs carlistes, et vous en tirerez ces deux conséquences : 1° Don Jaime n'a pas de motifs de reconnaissance vis-à-vis du Kaiser ; 2° les sentiments du Kaiser envers notre cause et son auguste représentant sont tout autre que chose que bienveillants, malgré qu'il fasse tout le possible par ses actuelles hypocrisies pour faire croire le contraire dans un but intéressé.

Quant à l'empereur François-Joseph, je ne veux pas, je ne peux pas en parler. Je perdrais tout le sang-froid dont je parle plus haut.

Il me suffit d'ouvrir les archives de mes souvenirs personnels et d'évoquer les scènes dont j'ai été le témoin pendant mon très long séjour auprès de notre famille royale proscrite pour trouver la matière, je ne dis pas d'une brochure, mais d'un volume in-folio consignant les impardonnables, les vils, les bas affronts infligés par François-Joseph aux représentants de la légitimité espagnole.

Un jour viendra, si Dieu m'accorde un peu de vie, où j'accomplirai cette œuvre de justice et de réparation.

Aujourd'hui il me suffira de dire que Don Jaime se trouve actuellement en Autriche *et qu'il ne peut pas en sortir.*

La moindre indiscrétion de ma part pourrait aggraver sa situation et attirer sur sa tête des ennuis sans nombre dont je ne me consolerais jamais.

Par le peu, très peu qu'il m'est permis de dire, le lecteur devinera tout ce que je suis forcé de taire.

J'ai été le premier, malgré mon amour pour la France, quand Mgr le Duc de Madrid est allé l'année dernière aux ambulances de Lyon (car il y est allé, et je l'affirme contre tous les démentis carlo-luthériens et je peux le prouver en faisant photographier ses lettres), j'ai été le premier à protester contre ceux qui voulaient interpréter cet acte comme une preuve de francophilisme. Pratiquer une œuvre de miséricorde n'est pas sortir de la neutralité ni servir une cause politique, c'est travailler pour le ciel.

La question n'est pas là. La question est qu'on trompe nos naïfs coreligionnaires quand on leur dit qu'il est germanophile, comme je les tromperais en disant qu'il s'est déclaré russophile, malgré son profond amour pour la Russie dont il a porté l'uniforme pendant quatorze années, dont il a défendu le glorieux drapeau pendant deux guerres sanglantes, et où il compte d'universelles sympathies et de solides amitiés, à commencer par celle de l'empereur.

... Ponce Pilate... fut crucifié

Il y aura à peu près trois mois que je suis sans communications avec Don Jaime.

Privé de ses nouvelles directes, et sachant mieux que personne que toutes celles qu'a publiées la presse carlo-luthérienne sont fausses, inventées de toutes pièces pour les besoins de la cause, je me suis décidé à me renseigner indirectement, recourant, par la voie de la Suisse et par celle de la Hollande, à mes amis d'Autriche et en les priant de me fixer sur le sort de mon bien-aimé prince.

Mes efforts ont été couronnés de succès.

Voici la lettre que m'a envoyée, il y a peu de jours, un lieutenant-colonel, compagnon de promotion de don Jaime à l'Académie militaire de Wiener-Neustadt, et qui se bat aujourd'hui contre les Russes :

« Malheureusement, il ne m'a pas été donné de faire votre commission en personne.

« J'ai demandé un congé de quarante-huit heures pour aller à Frohsdorff et il m'a été refusé. Pis encore. J'ai été averti par ordre de Son Altesse Impériale et Royale l'archiduc Frédéric, généralissime de nos armées (et frère de l'archiduchesse Christine) qu'il était défendu à tout officier autrichien de rendre visite à Don Jaime. Celui qui manquerait à cette consigne serait puni avec la plus grande rigueur.

« Je le regrette doublement, parce que je crains que notre prince ne soit un peu déprimé.

« J'ai su qu'appelé à Frohsdorf pour sauver des intérêts respectables, et ne voulant pas se risquer à être emprisonné de nouveau comme l'année dernière, il avait demandé des garanties et qu'il avait obtenu la parole d'honneur de Sa Majesté l'Empereur d'être respecté et traité avec tous les égards dus à un membre de la famille impériale, avec autorisation de circuler librement par tout l'empire et de le quitter quand il le voudrait.

« Malgré cette haute assurance, vingt-quatre heures après son arrivée à Frohsdorf, il a reçu cette notification : il devait se considérer aux arrêts jusqu'à la fin de la guerre, sans pouvoir circuler au delà d'un rayon de cinquante kilomètres, avec défense de quitter l'empire avant la fin des hostilités.

« J'ignore les motifs qui ont pu décider Sa Majesté à retirer sa parole d'honneur. »

Les paroles d'honneur sont la même chose que les engagements consignés dans les traités internationaux : elles ne se retirent pas.

Ou elles se tiennent, ainsi que font les gentilshommes, ou elles se violent, ainsi que font... les autres.

Nous sommes donc déjà bien fixés quant à la véritable situation de Don Jaime.

Il a été attiré dans une souricière, avec l'appât d'une parole souveraine, et arrêté pour toute la durée de la guerre.

Et maintenant, je te dis à toi, studieux séminariste qui me lis en ce moment, à toi, honnête propriétaire fidèle à notre drapeau, à toi, courageux soldat de nos guerres, à toi, digne descendant des martyrs de notre cause, qu'est-ce que vous pensez de ceux qui vous trompent dans nos journaux en vous disant que don Jaime est comblé d'amabilités en Autriche et que lui-même écrit, touché de la magnanimité de cet empire dont l'esprit est si généreux, qu'« on n'a même pas installé des camps de concentration pour les belligérants ennemis et qu'on les laisse se promener partout en pleine liberté? »

Je ne nie pas que don Jaime ait pu écrire cette dernière phrase, mais, s'il l'a écrite, il l'a fait pour se plaindre et non pas pour se féliciter.

Voici ce qu'il a pu dire : « Ici, ils sont tellement injustes et tellement insensés avec moi, que, tandis qu'on accorde la liberté à des Français et à des Anglais, moi, neutre, et chef d'un parti qui se dévoue pour eux, on me maltraite sans raison et sans excuse. »

La presse carlo-luthérienne élimine de cette phrase tout ce qu'elle contient de blâme, on ne peut plus justifié, et là où don Jaime a écrit : « Qu'ils sont brutaux! », nos journalistes publient : « Regardez s'ils sont magnanimes! »

Avec ces procédés, on commence le *credo* par Ponce Pilate... et ainsi résulte un *credo* digne au pied de la lettre d'être récité par les carlo-luthériens.

Heureusement qu'à Madrid se trouve mon bien cher ami de plus d'un demi siècle, le noble marquis de Cerralbo, dont les sentiments chevaleresques sont reconnus par tous. C'est lui qui possède le texte de la lettre écrite par don Jaime, le 28 juillet, touchant ce point. Qu'il dise, la main sur sa poitrine de gentilhomme, si cette lettre parle de la liberté relative accordée à certains belligérants pour prouver la longanimité germanique, ou bien pour faire ressortir la contradiction entre cette apparente longanimité et la dureté des procédés employés contre lui.

Ce que le marquis de Cerralbo dira sera la vérité et je sais très bien ce qu'il doit dire, car il existe une autre lettre de Frohsdorf, datée précisément aussi du 28 juillet, que je pourrais publier s'il le faut, dans laquelle il est parlé de cette question.

Le roi n'a qu'une parole — parole de roi — et ce serait proférer contre lui la plus atroce et la plus impardonnable des injures que de le supposer capable d'écrire dans la même minute, avec la même goutte d'encre, aux uns qu'il fait jour et aux autres qu'il fait nuit.

Conclusion

Nous tous qui avons le grand honneur d'appartenir à la très noble famille carliste et de garder le culte de nos traditions, nous sommes plus étroitement obligés que qui que ce soit à travailler contre l'Allemagne.

Servir sa cause ce serait commettre une faute de lèse catholicisme, de lèse espagnolisme, de lèse carlisme et de lèse humanité.

De lèse catholicisme parce que le but final du Kaiser est plutôt encore que de dominer le monde, de le *protestantiser*.

De lèse espagnolisme parce que la défaite des alliés, qui luttent pour la Justice, la Civilisation et le Droit, serait l'arrêt de mort de toutes les petites nationalités, parmi lesquelles malheureusement figure la nôtre, que l'ambition allemande vise à convertir en colonie.

De lèse carlisme parce que, parmi les alliés, nous comptons de grandes sympathies et parmi les autres seulement des inimitiés.

De lèse humanité, parce que la victoire allemande consacrerait le triomphe dans tout l'univers de la plus odieuse, la plus dépressive, la plus intolérable des barbaries : la barbarie organisée.

TABLE

No 13. *Confiance, Prière, Espoir,* **Lettres sur la Guerre,** par Mgr MIGNOT, Archevêque d'Albi.

No 14. *Contre l'esprit allemand,* **Mesures d'après Guerre,** par Léon DAUDET.

No 15. **La Basilique dévastée. Destruction de la Cathédrale de Reims.** *Faits et Documents,* par VINDEX.

No 16. **Le Général Gallieni,** par G. BLANCHON.

No 17. **Les Leçons du Livre Jaune,** par H. WELSCHINGER, de l'Institut.

No 18. **La Signification de la Guerre,** par Henri BERGSON, de l'Académie française.

No 19. **La Belgique en terre d'asile,** par H. CARTON DE WIART, Ministre de la Justice.

No 20. **Les Sous-Marins,** par G. BLANCHON, Lieutenant de vaisseau.

No 21. **Les Procédés de Guerre des Allemands en Belgique,** par Henri DAVIGNON.

No 22. **Le Roi Albert,** par Pierre NOTHOMB.

No 23. **En Guerre,** *Impressions d'un témoin,* par F. DE BRINON.

No 24. **Les Zeppelins,** par G. BESANÇON, Secrétaire général de l'Aéro-Club.

No 25. **La France au-dessus de tout,** *Lettres de Combattants,* par Raoul NARSY.

No 26. **L'Opinion Catholique et la Guerre,** par IMBART DE LA TOUR, de l'Académie des Sciences Morales et Politiques.

No 27. **La Charité et la Guerre.** *Tableaux et Croquis,* par G. LECHARTIER.

No 28. **Les Surboches,** par André BEAUNIER.

No 29. **Contre les Maux de la Guerre.** *Action publique et Action privée,* par Henri JOLY, de l'Institut.

No 30. **Le Général Pau,** par G. BLANCHON.

No 31. **L'Allemagne s'accuse.** Pour servir à l'Histoire de la Guerre européenne, par Jean DE BEER.

No 32. **Pendant la Guerre,** *Lettres Pastorales et Allocutions,* par S. E. le Cardinal AMETTE, Archevêque de Paris.

Nº 33. **L'Allemagne et la Guerre Européenne.** par Albert SAUVEUR, Professeur à Harvard University. Préface de Henry LE CHATELIER, de l'Académie des Sciences.

Nº 34. **Les Catholiques Allemands, jadis et aujourd'hui.** *Quelques précédents au cas du Cardinal Mercier.* par le Comte BEGOUEN.

Nº 35. **Notre « 75 ».** *Illustré,* par Francis MARRE.

Nº 36. **L'Opinion Américaine et la Guerre,** par Henri LICHTENBERGER.

Nº 37. **L'Occupation Allemande à Bruxelles racontée par les Documents Allemands.** Avis et proclamations affichés à Bruxelles du 20 août 1914 au 25 janvier 1915, par L. DUMONT-WILDEN.

Nº 38. **A un Neutre Catholique,** par Mgr Pierre BATIFFOL.

Nº 39. **Dans les Tranchées du Front,** par Francis MARRE.

Nº 40. **L'Esprit Philosophique de l'Allemagne et la Pensée Française,** par Victor DELBOS, de l'Institut.

Nº 41. **La France de demain,** par HÉBRARD DE VILLENEUVE.

Nºs 42-43. **Comment les Allemands font l'Opinion.** Nouvelles de guerre affichées à Bruxelles pendant l'occupation, par DUMONT-WILDEN.

Nº 44. **Les Catholiques Espagnols et la Guerre,** par Maurice DE SORGUES.

Nº 45. **Un Examen de Conscience de l'Allemagne,** par P. HAZARD, officier interprète.

Nº 46. **Guerre et Philosophie,** par Maurice DE WULF, professeur aux Universités de Louvain et de Poitiers.

Nº 47. **Les Aumôniers Militaires,** par GEOFFROY DE GRANDMAISON.

Nº 48. **Les Arabes et la Guerre,** par Ernest DAUDET.

Nº 49. **Le Général Maunoury,** par MILES, rédacteur au *Correspondant.*

Nº 50. **La Vraie France et l'Evolution du Patriotisme,** par Samuel ROCHEBLAVE.

Nº 51. **Le Martyre du Clergé Français,** par l'Abbé GRISELLE.

N° 52. La Conduite des Allemands en Belgique et en France, *d'après l'enquête anglaise,* par Henri DAVIGNON.

N°s 53-54. La Presse et la Guerre. *Le Journal des Débats,* par Raoul NARSY.

N° 55. La Mission du Prince de Bulow à Rome, par Henri WELSCHINGER.

N° 56. La Guerre, *telle que l'entendent les Américains et telle que l'entendent les Allemands,* par MORTON PRINCE.

N°s 57-58. La Presse et la Guerre. *Le Figaro,* par Julien DE NARRON.

N° 59. Le Duel franco-allemand en Espagne, par Louis ARNOULD.

N°s 60-61. La Presse et la Guerre. *L'Action Française,* par Jacques BAINVILLE.

N° 62. Pro Patria, par Victor GIRAUD.

N°s 63-64. Le Service de santé pendant la guerre, par Joseph REINACH.

N° 65. La Reine Elisabeth, par M. DES OMBIAUX.

N° 66. La Chimie meurtrière des Allemands, par Francis MARRE.

N° 67. Amende Honorable, par Francisco MELGAR. *Avant-propos* de MOREL-FATIO, de l'Institut.

L'Allemagne, les Neutres et le Droit des gens, par Robert PERRET.

Pour teutoniser la Belgique, par Fernand PASSELECQ.

Imprimerie Artistique « Lux », 131, boulevard Saint-Michel, Paris

197 — Imprimerie Artistique « Lux », 131, boulevard Saint-Michel, Paris.

www.ingramcontent.com/pod-product-compliance
Ingram Content Group UK Ltd.
Pitfield, Milton Keynes, MK11 3LW, UK
UKHW020405230726
13925UKWH00003B/1271

9 782014 467826